Martin Kühn / Julia Bialek

Fremd und kein Zuhause

Traumapädagogische Arbeit mit Flüchtlingskindern

Vandenhoeck & Ruprecht

Mit 25 Abbildungen und 3 Tabellen

Bibliografische Information der Deutschen Nationalbibliothek

Die Deutsche Nationalbibliothek verzeichnet diese Publikation in der Deutschen Nationalbibliografie; detaillierte bibliografische Daten sind im Internet über http://dnb.d-nb.de abrufbar.

ISBN 978-3-525-70191-1

Weitere Ausgaben und Online-Angebote sind erhältlich unter: www.v-r.de

Umschlagabbildung: © lassedesignen – Fotolia

© 2017, Vandenhoeck & Ruprecht GmbH & Co. KG, Theaterstraße 13, D-37073 Göttingen/ Vandenhoeck & Ruprecht LLC, Bristol, CT, U.S.A.
www.v-r.de
Alle Rechte vorbehalten. Das Werk und seine Teile sind urheberrechtlich geschützt. Jede Verwertung in anderen als den gesetzlich zugelassenen Fällen bedarf der vorherigen schriftlichen Einwilligung des Verlages.
Printed in Germany.

Wissenschaftliches Lektorat: Ilona Oestreich
Satz: SchwabScantechnik, Göttingen
Druck und Bindung: ♁ Hubert & Co GmbH & Co. KG,
Robert-Bosch-Breite 6, D-37079 Göttingen

Gedruckt auf alterungsbeständigem Papier.

Inhalt

Einleitung 9
Zum Aufbau des Buches 13

1 Flucht und Vertreibung 15
Geflüchtete Kinder: aktuelle Zahlen 15
    Exkurs: KindersoldatInnen 16
Gesundheitliche Aspekte im Kontext von Trauma, Flucht
und Vertreibung 17
Politische Dimensionen von Trauma, Flucht und Vertreibung .. 20
Rechtliche Aspekte 21
Kinderrechte und Schutz vor Gewalt 24
Rassismus und der Begriff der »Fremdheit« 25
Die Angst der PädagogInnen vor dem Trauma 29

2 Traumapädagogik: Konzepte und Methoden 31
Trauma: Wissenswertes zum Verständnis 31
    Was ist ein Trauma? 31
    Das Konzept der Sequenziellen Traumatisierung 47
    Interkulturelle Aspekte von traumatischen Ausdrucksformen 52
Leben in der Fremde – ein Sicherer Ort? 58
    Ein Sicherer Ort in der pädagogischen Arbeit 59
    Exkurs: Bindungsorientierung in der Traumapädagogik 63
    Eine gemeinsame Sprache finden 65
Traumapädagogische Aufträge 73
    Stabilisierung 74
    Dialog 76
    Teilhabe 77
    Perspektiventwicklung 79

Innerfamiliäre Arbeit 80
  Arbeit mit Familiensystemen vor dem Hintergrund
  kultureller Unterschiede 81
  Geschlechtsspezifische Aspekte 83
Unterstützung im Trauerprozess 85

**3 Traumapädagogische Praxis mit Kindern nach Flucht
und Vertreibung** 89
Kindertagesstätten 89
  Altersspezifische Aspekte 89
  Eingewöhnung – was brauchen Familien in dieser Phase? 93
Schule 101
  Lernen unter Stress 103
  Lernen ohne feste Perspektiven 105
  Wenn Schule mehr als Unterricht ist 106
Jugendhilfe 108
  Kinderrechte sind universal 110
  Jugendhilfepraxis als Spannungsfeld 112
  Jugendhilfepraxis als Wirkungsfeld 115
  Jugendhilfepraxis ist politisch 117

4 Selbstfürsorge traumapädagogischer Fachkräfte 120
Spezifische Belastungen für Ehrenamtliche
und Professionelle 121
Möglichkeiten der Entlastung 123

Schlusswort 132

Literatur 134

Verzeichnis der Abbildungen, Tabellen, Tipps 149
  Abbildungen 149
  Tabellen 150
  Definitionen, Übersichten, Leitfäden 150
  Internet-Tipps 150
  Praxistipps 150
  Fallbeispiele 151

Anhang: Methoden für die traumapädagogische Praxis 152
Übersicht 152
Dissoziative Phänomene im pädagogischen Alltag 153
Triggeranalyse 155
Gelingensbedingungen 156
Weil-Frage 157
Reinszenierende Situationen 158
Körperumriss 159
Stressbarometer 160
Notfallkiste 161
Ressourcencheck für Teams 162
Pädagogisches Tagebuch 165

Einleitung

> »Obwohl jede Geschichte von Flüchtlingen anders ist und ihre Angst etwas sehr Persönliches, teilen sie alle ein gemeinsames Thema von ungewöhnlichem Mut – den Mut, nicht nur zu überleben, sondern durchzuhalten und ihr zerstörtes Leben wieder aufzubauen.«
> (Guterres, 2005, o. S.; Übers. v. V.)

> »Was Besseres als den Tod finden wir allemal –
> wenn er uns nicht vorher findet.«
> (frei nach Gebrüder Grimm)

Kein anderes Thema hat in den letzten Monaten die Diskussion in der fachlichen, gesellschaftlichen und politischen Öffentlichkeit so sehr bestimmt wie die Schicksale und der angemessene Umgang mit Menschen im Kontext von Flucht und Vertreibung. Dabei handelt es sich um ein Thema, das soziale Gruppen schnell polarisiert, weil es ein enormes Potenzial für Ohnmachts- und Hilflosigkeitserfahrungen auch bei professionellen Kräften in Gesellschaft, psychosozialen Hilfen und Politik aufweist. Tägliche Schreckensnachrichten in den Nachrichten von Kindern, Jugendlichen und Erwachsenen, die auf der Flucht ihr Leben verloren haben, lassen uns alle als BetrachterInnen nicht unberührt. Besonders gilt dies für den Fall, wo ein Einzelschicksal, herausgelöst aus der unüberschaubaren Masse, durch eine Fotografie, eine Reportage oder eine direkte Begegnung ein Gesicht und einen Namen bekommt. Könnte es also sein, dass der Slogan von Bundeskanzlerin Merkel im August 2015 »Wir schaffen das!«, der ihre weiterführenden deutschland- und europapolitischen Entscheidungen zum Thema Flucht entscheidend prägt, einen direkten Zusammenhang hatte zu ihrer persönlichen Begegnung mit einem palästinensischen Mädchen einige Wochen zuvor, auf einer öffentlichen Schulveranstaltung in Rostock (Jansen, 2015)? Der Gedanke liegt nahe …

In diesem Buch wird nicht die Rede von »Flüchtlingen« oder »Flüchtlingskindern« sein (es sei denn, wir zitieren andere AutorInnen), weil es hier um Menschen geht und Menschen keine »-linge« sind. Es geht um Kinder und Jugendliche, die lebensbedrohliche Strapazen auf sich genommen haben, weil sie existenziellen Bedrohungen entkommen mussten. Es wird die Rede von jungen Menschen sein, die unvorstellbare Entbehrungen, Verluste und destruktive Grenzverletzungen jeglicher Art durch Flucht und Vertreibung erleiden mussten.

Es gilt außerdem, mit einem fatalen, wenn nicht sogar – angesichts von Brandanschlägen auf Unterbringungen – gefährlichen Missverständnis aufzuräumen,

> »die Flüchtlinge würden in erster Linie in das Aufnahmeland fliehen, weil sie dort lieber leben möchten. Eine Flucht ist jedoch immer, und in diesem Punkt unterscheidet sich diese Form der Migration von anderen, durch Unfreiwilligkeit gekennzeichnet und bedeutet oft die einzige Möglichkeit, sich aus einer lebensbedrohlichen Situation zu retten« (Lennertz, 2011, S. 11).

Zudem muss einer alltags- und medialsprachlichen Katastrophenterminologie entschieden entgegengetreten werden, in der immer wieder von »Flüchtlingsstrom«, »-welle« oder »-schwemme« die Rede ist, die »eingedämmt« werden müssen, denn es suggeriert, »dass es nicht die Flüchtlinge sind, denen Schutz gewährt werden muss, sondern dass es einen Schutz *vor* Flüchtlingen geben müsse« (Lennertz, 2011, S. 12; vgl. auch Ahlheim u. Heger, 1999). Die Irrationalität dieses Denkens hat in den letzten Monaten zu erheblichen gesellschaftlichen Spannungen geführt, in deren Folge mittlerweile selbst Menschen aus der sogenannten »bürgerlichen Mitte« nicht mehr vor Straftaten zurückschrecken. So kam es laut Aussagen des Bundeskriminalamtes 2015 zu 924 Straftaten gegen Asylbewerberunterkünfte (im Vergleich zu 199 Straftaten im Jahr 2014), davon waren 76 Brandanschläge und 11 versuchte Brandstiftungen (Heißler, 2016), die nicht mehr nur rechtsextremen TäterInnen zugerechnet werden können.

Ein weiterer für MitarbeiterInnen in pädagogischen Arbeitsfeldern häufig verunsichernder Aspekt greift die Frage auf, ob nicht jeder Mensch im Kontext von Flucht und Vertreibung auch traumatisiert ist. Zweifellos haben Menschen mit Fluchterfahrungen durchgängig unzählige traumatische Erfahrungen machen müssen, aber nicht bei jedem Menschen führt dies auch zur Ausprägung posttraumatischer Symptome. Dazu liegen jedoch noch zu wenig aktuelle Zahlen vor. Eine erste Erkenntnis ergibt sich aus einer Studie an der Technischen Universität München im Frühjahr 2015, in der 102 syrische Kinder im Alter von vier Monaten bis 14 Jahren in einer bayerischen Erstaufnahmeeinrichtung untersucht wurden (Schiek, 2015). Diese Studie kam zu dem Ergebnis, dass 22,3 % der Kinder Zeichen einer Posttraumatischen Belastungsstörung (PTBS: englisch: »Posttraumatic Stress Disorder« – PTSD) und 16,2 % Merkmale ihrer Vorstufe, einer »Anpassungsstörung« zeigten (DGSPJ, 2015). Diese Zahlen erscheinen zunächst relativ niedrig, zu berücksichtigen ist jedoch, dass eine PTBS-bezogene Symptomentwicklung jederzeit zu einem späteren Zeitpunkt noch möglich ist, also von einer enormen Grauzone ausgegangen werden muss. Dennoch muss festgehalten werden, dass nicht pauschal bei jedem Kind oder Jugendlichen mit einer PTBS zu rechnen ist, sondern immer der Einzelfall genau betrachtet werden muss. »Bei manchen Kindern verschwinden die Symptome einer Belastungsstörung, sobald sie mit ihrer Familie aus dem Flüchtlingsheim in eine normale Wohnung umziehen« (Schiek, 2015, o. S.), in vielen Fällen besteht aber das Risiko einer Chronifizierung der Belastungsreaktionen, da die Ankunft in Deutschland nicht gleichzusetzen ist mit der Erfahrung von Sicherheit. Im Gegenteil, die langandauernde Unterbringung in Massenunterkünften, der viel zu lange ungeklärte Aufenthalts- und Asylstatus, die unzureichende medizinisch-psychosoziale Versorgung in den ersten 15 Monaten und weitere belastende Erfahrungen, wie zum Beispiel erlebte Diskriminierung (25 %) und Gefühle von Isolation (60 %) stellen ein nicht zu unterschätzendes retraumatisierendes Feld dar (Uhlmann, 2015). Ohne eine notwendige sichere Zukunftsperspektive kommt es daher zu einer »Chronifizierung der Vorläufigkeit« (Becker, 2006a, S. 181), sodass die Erfahrungen von Flucht und Vertreibung nicht wie erforderlich abgeschlossen werden und zum Ende kommen können.

Trotz eines landesweit enormen ehrenamtlichen Engagements in der Betreuung und Begleitung von Menschen mit Fluchterfahrungen, stellt sich die Situation zum Angebot professioneller psychosozialer Hilfen gänzlich anders dar:

> »In Deutschland gibt es derzeit 30 **Psychosoziale Zentren** für Flüchtlinge und Folteropfer (PSZs), die spezielle psychosoziale und psychotherapeutische Hilfen für Geflüchtete anbieten. Diese Anzahl ist völlig unzureichend, um die Angebote bereitzustellen, die benötigt werden« (Wolff, 2016, S. 30).

Dabei liegt ein besonderer Schwerpunkt in der psychosozialen Versorgung traumatisierter Kinder und Jugendlicher mit Fluchterfahrungen in der Berücksichtigung interkultureller Aspekte und Bedingungen. Muttersprachliche, traumaspezifische und kultursensible Maßnahmen weisen dabei eine erhöhte Verringerung der Symptome und Beschwerden auf, daher gilt es, diese Folgen von Belastungserfahrungen immer auch im psychosozialen Kontext als kulturelle Phänomene zu verstehen (Joksimovic, 2015). Umso bedeutsamer ist ein traumaspezifisches Wissen von Professionellen aus pädagogischen Arbeitsfeldern. Eine entsprechende Traumasensibilität aufseiten der exekutiven Organe (Polizei, Registrierungs- und Ausländerbehörde, Notaufnahmestellen, Jugendämter usw.) ist allerdings ebenfalls bis zum heutigen Zeitpunkt nicht zufriedenstellend vorhanden. So werden auch unbegleitete Kinder und Jugendliche immer noch durch den üblichen Verfahrensweg gezwungen, ohne ausreichenden Beistand und Unterstützung in stundenlangen behördlichen Anhörungen ihre traumatischen Flucht- und Vertreibungserlebnisse detailliert zu beschreiben. Wird ihnen am Ende nicht ausreichende Glaubwürdigkeit attestiert, wirkt sich dies entscheidend negativ auf ihre weiteren Verbleibchancen in Deutschland aus, und immer wieder landen Minderjährige im Verstoß gegen die UN-Kinderrechtskonvention (UN, 1989) sogar in Abschiebungshaft: »Solche Erfahrungen allein durchzustehen, ist einem jungen Menschen kaum möglich« (UNO-Flüchtlingshilfe, 2015, o. S.). In manchen Regionen kommt es daher zwangsläufig immer wieder zu gewalttätigen Zwischenfällen auch unter Kindern und Jugendlichen, sodass in Bremen mittlerweile sogar die geschlossene Unterbringung für straffällig gewordene unbegleitete Minderjährige angedacht wird (Betzholz, Hinrichs u. Kensche, 2015). Eigentlich sollte die rechtliche Lage jedoch deutlich sein, denn

> »Flüchtlingskinder sind in erster Linie Kinder. Für ihre Aufnahme und Integration gelten deshalb die einschlägigen Vorgaben der UN-Kinderrechtskonvention, der Europäischen Grundrechtecharta und des Kinder- und Jugendhilfegesetzes. Diese normieren eindeutig die Vorrangstellung des Kindeswohls bei allen Entscheidungen von Staat und Gesellschaft sowie das Recht der Kinder auf Förderung, Schutz und Beteiligung« (DKHW, 2015, o. S.; vgl. auch UN, 1989; EU, 2000/2010).

Es ist zu hoffen, dass das »Gesetz zur Verbesserung der Unterbringung, Versorgung und Betreuung ausländischer Kinder und Jugendlicher« (beschlossen im Bundestag am 15.10.2015, gültig ab 01.11.2015) endlich zu einer dringend notwendigen Verbesserung von Schutz und Versorgung von Kindern und Jugendlichen mit Fluchterfahrungen führen wird (BMFSFJ, 2015), denn der gegenwärtige Status kann nur als »Institutionalisierte Exklusion« (Zito, 2015, S. 59) beschrieben werden, da

> »ganz gleich ob sie vor Krieg oder Hunger geflüchtet sind oder von gut meinenden Verwandten als so genannte *Arbeitsmigranten* fortgeschickt wurden. Keines dieser Kinder hat sich freiwillig auf den Weg gemacht. Fort aus dem Familienkreis, der vertrauten Umgebung, Zukunftsträumen, weg von Freunden« (Dieckhoff, 2010, S. 8).

Zum Aufbau des Buches

Dieses Buch greift die Fragestellung auf, was in gelingenden pädagogischen Maßnahmen notwendig zu berücksichtigen ist, um für Mädchen und Jungen mit Fluchterfahrungen ein größtmögliches Maß an Sicherheit und Teilhabe herstellen zu können. Dafür werden sowohl Fachwissen als auch praxiserprobte Methoden durch eine differenzierende Darstellungsweise übersichtlich vorgestellt. Die in Interviews erhobenen eigenen Sichtweisen von geflüchteten Menschen werden in diese Ausführungen miteinbezogen.

Kapitel 1 »Flucht und Vertreibung« beschreibt nach einem Kurzüberblick über aktuelle Zahlen die politischen, rechtlichen und sozialen Probleme, denen Kinder nach Flucht und Vertreibung in Deutschland begegnen. Besonderes Augenmerk liegt dabei einerseits auf alltagsrassistischen Vorurteilen, denen sie als »Fremde« in allen sozialen Begegnungen, inklusive professioneller Hilfekontexte, ausgesetzt sind, andererseits auf ihren in der UN-Kinderrechtskonvention (UN, 1989) verankerten Rechten. Das Kapitel schließt mit Ausführungen zu den immer wieder erlebbaren Ängsten psychosozialer Fachkräfte in pädagogischen Arbeitsfeldern vor Konfrontationen mit den traumatischen Erlebnissen, die die Kinder und Jugendlichen »im Rucksack« haben, und den damit verbundenen möglichen Auswirkungen auf die eigene berufliche Praxis.

Kapitel 2 »Traumapädagogik: Konzepte und Methoden« stellt nach einer Begriffsklärung zum »Trauma« das Konzept der Sequenziellen Traumatisierung vor, mit dem Erfahrungen von Flucht und Vertreibung hilfreich dargestellt und in den Kontext eines wirkungsvollen Gesamtverstehens für die aktuelle Belastungssituation eines Menschen gebracht werden können. Verständlich wird psychotraumatologisches Grundlagenwissen mit einem Schwerpunkt auf interkulturellen Aspekten vermittelt. Dabei spielt die Sensibilisierung für das Erkennen traumatischer Verarbeitung und deren Ausdrucksweisen sowie das Verstehen der zugrundeliegenden neurologischen Prozesse eine wichtige Rolle. Anschließend werden als zentrale traumapädagogische Konzepte die »Pädagogik des Sicheren Ortes«, »Der geschützte Dialog« und die »traumapädagogischen Kernaufträge« (Stabilisierung, Dialog, Teilhabe und Perspektivenentwicklung) für das Leben von Kindern und Jugendlichen mit Fluchterfahrungen »in der Fremde« vorgestellt. Alle drei Ansätze haben zum Ziel, die Handlungsfähigkeit und Selbstwirksamkeit der betroffenen Mädchen und Jungen gemeinsam mit ihnen wiederherzustellen. Interkulturelle Unterschiede und Sprachbarrieren sowie spezifische Anforderungen an Trauerarbeit nach einer Flucht stellen in diesem Zusammenhang besondere Herausforderungen für die PädagogInnen dar. Diese Themen werden gesondert und mit in der Praxis anwendbaren Anregungen und Methoden dargestellt

Kapitel 3 »Traumapädagogische Praxis mit Kindern nach Flucht und Vertreibung« zeigt die Möglichkeiten zur praktischen Umsetzung traumapädagogischer Konzepte in spezifischen Arbeitsfeldern auf, die vorrangig mit der Betreuung und Begleitung der Kinder und Jugendlichen beauftragt sind: Kita, Schule und Jugendhilfe. Zu diesem Zweck werden praktische Möglichkeiten und Methoden zu Kommunikationsaufbau, Stressreduktion, Stabilisierung und Krisenintervention dargestellt. Besonderes Augenmerk gilt dabei den hiesigen Aufnahmekonzepten, für die ein Handlungsleitfaden vorgestellt wird, der an das jeweilige Arbeitsfeld angepasst werden kann. Dem folgt eine Vorstellung von Best-Practice-Beispielen aus Pflegefamilien, den ambulanten und stationären Hilfen sowie der Beratung von Betroffenen.

Kapitel 4 »Selbstfürsorge traumapädagogischer Fachkräfte« fasst die spezifischen Belastungen zusammen, denen Fachkräfte im Umgang mit geflüchteten Menschen ausgesetzt sind und die weniger in der Arbeit mit den Menschen selbst als vielmehr im Aushalten struktureller Umstände – wie dauerhaften Lebens in Notunterkünften oder permanent drohender Abschiebung – zu sehen sind. Abschließend werden Möglichkeiten der Entlastungen und Psychohygiene vorgeschlagen, die professionellen Fachkräften helfen können, individuelle aktive Strategien zu entwickeln, um damit auch das mögliche Risiko einer sogenannten »sekundären Traumatisierung« zu vermeiden.

Im Anhang sind einige Materialien zusammengestellt, die sich in der traumapädagogischen Praxis ganz besonders bewährt haben und sich sehr gut für die Arbeit mit traumatisierten minderjährigen Geflüchteten eignen.

Das Buch bietet interessierten PraktikerInnen aus der pädagogischen Arbeit mit Kindern und Jugendlichen im Kontext von Flucht und Vertreibung praktisch nutzbares Wissen zu psychotraumatologischen Grundlagen und traumapädagogischen Handlungsmöglichkeiten. Es stellt dabei sowohl die Arbeit mit den betroffenen Menschen als auch die Notwendigkeit der Selbstfürsorge bei den Fachkräften in den Fokus einer traumasensiblen interkulturellen Praxis.

1 Flucht und Vertreibung

Geflüchtete Kinder: aktuelle Zahlen

Von Flucht und Vertreibung sind laut Auskunft des Flüchtlingshilfswerks der Vereinten Nationen aktuell mehr als 50 bis 60 Millionen Menschen weltweit betroffen, davon sind 50 % jünger als 18 Jahre, vergleichbar nur mit der Zeit während und nach dem Zweiten Weltkrieg in den 1940er- bis 1950er-Jahren (Betzholz et al., 2015; Ouatedem Tolsdorf, 2016). Während die deutschen Jugendämter bundesweit Ende September 2015 noch mit etwa 30.000 unbegleiteten Kindern und Jugendlichen unter 18 Jahren rechneten (Glitz, 2015), lag die Zahl Mitte November 2015 bereits bei 57.376 (Altenbockum, 2015), also fast doppelt so hoch. Das Deutsche Kinderhilfswerk spricht von beinahe 267.000 Kindern, die 2015 nach Deutschland kamen, neben den unbegleiteten Minderjährigen sind es also etwa 210.000 begleitete Minderjährige, die zusammen mit ihren Familien und/oder Verwandten auf der Flucht waren (DKHW, 2016; vgl. Abb. 1).

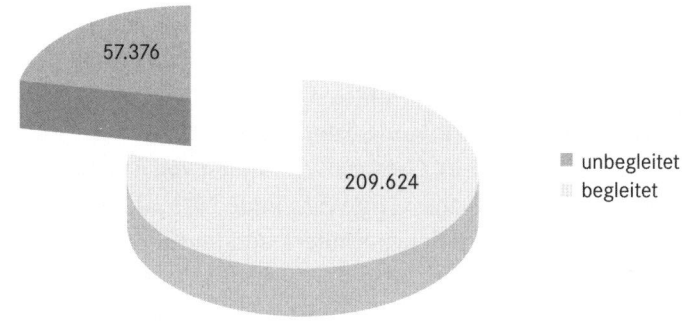

Abbildung 1: Kinder und Jugendliche mit Fluchterfahrungen in Deutschland 2015 (eigene Darstellung unter Rückgriff auf: Altenbockum, 2015; DKHW, 2016)

Eine Prognose für die Zukunft bleibt ungewiss. Es ist aber damit zu rechnen, dass die Zahlen ohne eine gravierende positive Veränderung der weltpolitischen Lage in den nächsten Jahren ähnlich bleiben oder sogar noch weiter steigen könnten.

Exkurs: KindersoldatInnen

Eine besondere Gruppe von Betroffenen in diesem Kontext sind Minderjährige, die bereits vor ihrer Flucht nicht nur Opfer-, sondern auch Tätererfahrungen, zum Beispiel als KindersoldatInnen machen mussten: »Der Einsatz von Kindern als Soldatinnen und Soldaten ist kein neues oder regional begrenztes Phänomen. Wo immer es zu bewaffneten Konflikten kam oder kommt, waren bzw. sind mit großer Wahrscheinlichkeit auch Kinder und Jugendliche involviert« (Zito, 2015, S. 35). Dabei werden betroffene Mädchen und Jungen bei Beginn ihrer Zwangsrekrutierung häufig zu unvorstellbaren Grausamkeiten auch an nahen Verwandten gezwungen und des Weiteren durch extreme Gewalterfahrungen physischer, psychischer und sexualisierter Form sowie durch Substanzabhängigkeiten als TäterInnen wie auch als Opfer anhaltend gefügig gemacht. Im Jahr 2007 haben 70 Nationen, darunter auch Deutschland, die sogenannten »Pariser Prinzipien und Richtlinien zu Kindern, die mit nationalen Streitkräften und nichtstaatlichen bewaffneten Gruppen assoziiert sind« (UNICEF, 2007) mit dem Ziel unterzeichnet, »Kinder vor Rekrutierung zu schützen und betroffenen Kindern effektiv zu helfen« (Zito, 2015, S. 46). Bis heute allerdings liegen keine aktuellen statistischen Zahlen für Deutschland vor, wie viele der unbegleiteten Minderjährigen einen solchen spezifischen biografischen Hintergrund haben. Das katholische Jugendsozialwerk sprach 2009 im Rahmen einer Evaluation der eigenen Arbeit von 4 % aller betroffenen Mädchen und Jungen (Ley u. Ondreka, 2016), eine Anfrage im Sommer 2015 von Bündnis 90/Die Grünen an die Bundesregierung blieb dazu leider ohne aktuelles Ergebnis: »Angaben darüber, wie viele Flüchtlingskinder ihr Schutzbegehren darauf gestützt hatten, dass sie zuvor als Kindersoldaten eingesetzt worden waren bzw. wie vielen deshalb Schutz gewährt wurde, kann das BAMF bis heute nicht machen« (BT-Drs. 18/5564, 2015, S. 1). Geht man zumindest von den ungesicherten Vorgaben aus dem Jahr 2009 aus, würde dies Ende 2015 allerdings einer Gruppe von mindestens 2.300 betroffenen Kindern und Jugendlichen entsprechen mit einem erheblichen Dunkelfeld, das einer spezifischen Betrachtung in der psychosozialen Versorgung bedarf: »Das Leben von Kindersoldatinnen und -soldaten weicht an vielen Punkten signifikant von einem so gezeichneten Muster moderner Kindheit als pädagogischem Moratorium und Schon- und Schutzraum ab. […] Kindersoldatinnen und -soldaten leben in der Regel nicht bei ihren Familien oder in pädagogisch vorstrukturierten Räumen, sondern in Militärcamps oder bei sich fortbewegenden Rebelleneinheiten. Sie halten sich an Orten auf, die nach pädagogischen Kriterien des Schutzes, der Versorgung und Bildung sicherlich die am wenigsten ›kindgerechten‹ sind: Orte, an denen Menschen verletzt oder getötet werden und an denen sie mit großer Wahrscheinlichkeit selbst zu Opfern werden« (Zito, 2015, S. 47 f.). Diese Kinder und Jugendlichen mussten sehr spezifische und besondere Bewältigungsformen und Anpassungsleistungen entwickeln, um das individuelle Grauen zu überleben (Zito, 2015, S. 448). Um solche extremen, schwerst traumatisierenden Erfahrungen bewältigen zu können, benötigen ehemalige KindersoldatInnen, die auf ihrer Flucht in Deutschland gestrandet sind, nachweislich unbedingt reale Sicherheit im Alltag durch

– ein sicheres Bleiberecht ohne Befristung oder gar »Duldung«,
– stabilisierende Lebens- und Alltagsbedingungen in geeigneten Einrichtungen der Jugendhilfe statt Unterbringung in abgelegenen Massenunterkünften,
– soziale Unterstützung durch kompetente Fachkräfte (zum Beispiel PädagogInnen, engagierte VormünderInnen) und FreundInnen aus dem sozialen Netzwerk,
– Zugang zum Bildungswesen, um Schul- und Berufsabschlüsse nachzuholen,
– zeitnahen Zugang zu trauma- und kultursensibler Psychotraumatherapie (Zito, 2015, S. 453 f.).

Die Möglichkeiten zur Bewältigung dieser Extremerfahrungen vermehren sich, je mehr unter den oben genannten Aspekten Maßnahmen zu Schutz und Sicherheit für ehemalige KindersoldatInnen gewährt werden. Dazu müssen auch traumasensible PädagogInnen entsprechende Antworten in ihren verschiedenen Arbeitsfeldern vorhalten, die in der bisherigen gegenwärtigen Praxis jedoch allzu oft nicht ausreichend berücksichtigt werden.

Gesundheitliche Aspekte im Kontext von Trauma, Flucht und Vertreibung

Junge Menschen mit Fluchterfahrungen weisen häufig vielfältige somatische Erkrankungen oder Beeinträchtigungen auf, und viele »sind schwer traumatisiert. Erschöpft sind sie in der Regel alle« (Ouatedem Tolsdorf, 2016, S. 22). Dabei stellt besonders eine Posttraumatische Belastungsstörung (PTBS) ein erhebliches Risiko dar, weitere Folgebelastungen zu entwickeln, wenn sie nicht versorgt und behandelt werden kann:

- komorbide Störungen,
- Verschlechterung anderer chronischer Erkrankungen,
- spätere Depression, Angststörungen, Sucht,
- gleichzeitige Borderlinestörung (Barth, 2005, o. S.).

Die Auswirkungen einer PTBS sind interkulturell, allerdings variieren die Bewältigungsstrategien und Symptomentwicklungen in unterschiedlichen kulturellen Kontexten, die einer entsprechenden Berücksichtigung in der psychosozialen Versorgung bedürfen, oder anders ausgedrückt, »we need to use the best available knowledge in trauma and combine it with cultural sensitivity and our own creativity« (Bræin u. Christie, 2011, S. 103). So stellt die Beantwortung der Fragestellung, »ob man ›westliche‹ Konzepte psychischer Erkrankung und Belastungsfaktoren auf Menschen anderer Kulturen übertragen kann« (Gavrandiou, Niemiec, Magg u. Rosner, 2008, S. 230), eine wichtige Grundlage, aber auch ständige Herausforderung für psychosoziale HelferInnen dar. Der völlig unerwartete hohe Anstieg der Zahl an begleiteten und unbegleiteten Kindern und Jugendlichen, die 2015 Deutschland erreicht haben, stellte dabei die bundesweiten kinderärztlichen Versorgungsstrukturen vor nicht unerhebliche Herausforderungen. Eine im September 2015 veröffentlichte Studie der Technischen Universität München (Mall, 2015) zeigte diesen enormen Bedarf auf. Bei 82 % der an der Studie teilnehmenden Kinder aus Erstaufnahmeeinrichtungen wurden Erkrankungen festgestellt, bei 10 % von ihnen bestand sogar akuter Handlungsbedarf (Erkrankungen im Detail in Tab. 1).

Tabelle 1: Erkrankungen bei Kindern in Erstaufnahmeeinrichtungen
Eigene Darstellung in Anlehnung an Mall, 2015, S. 1

	Erkrankung	Anteil erkrankter Kinder
seelisch	PTBS	22,3 %
	Anpassungsstörung	16,2 %
körperlich	Zahnkaries	63,0 %
	Defizitärer Impfschutz	42,0 %
	Atemwegserkrankungen	25,0 %
	Infektiöse/parasitäre Erkrankungen	11,0 %

In Bezug auf seelische Erkrankungen ist dabei jedoch noch mit einem weiteren Anstieg zu rechnen, denn »die Diagnose kann zu einem frühen Untersuchungszeitpunkt – zum Beispiel in der Erstaufnahmeeinrichtung – häufig aufgrund des Zeitkriteriums noch gar nicht gestellt werden« (Mall, 2015, S. 1), da eine verpflichtende ärztliche Erstuntersuchung bereits direkt nach der Ankunft in den ersten Tagen stattfindet (Ouatedem Tolsdorf, 2016, S. 23) und oft nur im Falle akuter Schmerzbehandlungen wiederholt wird. Für unbegleitete Minderjährige, die vom Jugendamt in Obhut genommen werden, steht eine medizinische Versorgung mit Maßnahmenbeginn zur Verfügung. Davon ist allerdings nur ein Teil der Kinder und Jugendlichen betroffen. Für diejenigen, deren Status ungeklärt ist, weil das Lebensalter von unter 18 Jahren nicht eindeutig ist, bleibt der Zugang zu medizinisch-psychologischen Hilfen oftmals erheblich erschwert. Dies gilt auch für die Mitglieder geflüchteter Familien. Ohne Vorliegen einer Akutsituation werden Erkrankungen von Betroffenen daher zunächst von nichtmedizinischen MitarbeiterInnen der Erstaufnahmeeinrichtung oder des Sozialamtes begutachtet, damit diese zumindest in den ersten 15 Monaten die eingeschränkten Leistungen des Asylbewerberleistungsgesetzes (AsylbLG) wahrnehmen können (Ouatedem Tolsdorf, 2016, S. 24), wobei aufgrund dieser Praxis immer wieder gravierende psychologisch-medizinische Versorgungslücken für die Betroffenen entstehen können. Dieser Missstand ist von besonderer Relevanz, da eine Traumatisierung auch als Begleiterscheinung des Asylverfahrens entstehen kann. Folgende Faktoren spielen dabei eine besondere Rolle:

- 80 % Furcht, zurückgeschickt zu werden,
- 33 % Angst und Schuldgefühle, etwas versäumt zu haben, und Trennung von nahen Angehörigen,
- 33 % erschwerter Zugang zur Gesundheitsfürsorge,
- 10 % Probleme mit amtlichen Stellen oder Diskriminierung,
- generationsübergreifende Trauer um den Verlust von Heimat und Anpassungsprobleme (Barth, 2005, o. S.)

Im weiteren Verfahren zur Anerkennung des Aufenthaltsstatus sind medizinisch-psychologisch ausgebildete Fachkräfte zunächst nicht involviert, das Verfahren tragen fachfremde Professionen, wie zum Beispiel Verwaltungskräfte und Juristen (Gierlichs, 2016, S. 35 f.). Für juristische Fachkräfte stellen Beschwerden und Erkrankungen häufig nur ein zeitlich begrenztes Phänomen dar, sodass eine daraus begründete Duldung aus humanitären Gründen beendet werden muss, wenn die Heilung der Beschwerden eingetreten ist. »Die Vorstellung, dass Traumatisierte über lange Zeit vulnerabel bleiben, auch wenn sie hier im Alltag zurechtkommen, ist Juristen schwer zu vermitteln« (Gierlichs, 2016, S. 37). Die Verabschiedung des Asylpakets II, welches unter anderem eine Beschleunigung des Klärungs- und Abschiebungsverfahrens vorsieht, verhindert wegen Zeitmangels zudem ausreichende diagnostische Prozesse, denn für die Klärung des Status ist zukünftig ein Zeitraum von einer Woche vorgesehen. Bei Einspruch gegen diesen Bescheid stehen zwei Wochen bis zur juristischen Klärung zur

Verfügung. Werden die Schwierigkeiten berücksichtigt, die Betroffene grundsätzlich symptombedingt haben, über ihre oftmals grauenhaften Erfahrungen auf der Flucht zu sprechen, erscheint eine fachlich fundierte Psychodiagnostik fast aussichtslos, und selbst eine diagnostizierte Traumatisierung führt nicht zur Gewährung von Asyl. So ist festzuhalten, dass es im bundesdeutschen Feststellungsverfahren aus psychosozialer Betrachtung gravierende Mängel im Sinne einer humanistischen Grundlage gibt, denn der »Verlauf des eigentlichen Asylverfahrens steht dem Wissen der Traumaforschung in vielerlei Hinsicht diametral entgegen« (Zimmermann, 2012, S. 59). Werden grundlegende psychotraumatologische Erkenntnisse in den rechtlichen Verfahren bei Menschen mit Fluchterfahrungen ignoriert, so sind davon betroffene Kinder, Jugendliche und ihre Familien mit Fluchterfahrungen gezwungen, unser rechtliches System als TäterInnensystem struktureller Gewalt zu verstehen, dem sie wiederum hilflos ausgeliefert sind und das sie oftmals bedingt durch sprachliche Barrieren gar nicht richtig verstehen können: »Besonders die drohende Abschiebung lässt Gefühle der Todesangst, Hilf- und Ausweglosigkeit wieder aufleben und setzen [sic] damit den Traumatisierungsprozess fort« (Denkowski, 2015, o. S.).

Internet-Tipp
Die Website http://www.kindergesundheit-info.de hält für das Arbeiten mit Flüchtlingsfamilien Tipps für folgende Schwerpunkte bereit: Informationen in vielen Sprachen zur Gesundheit von Flüchtlingskindern, übersichtlich nach Themen sortiert – für ÄrztInnen, medizinische Fachkräfte, Kita-Fachkräfte, (Familien-)Hebammen, Ehrenamtliche.

Politische Dimensionen von Trauma, Flucht und Vertreibung

Zum gegenwärtigen Zeitraum (Frühjahr 2016) eine Fachveröffentlichung zum Thema Flucht und Vertreibung zu schreiben, erweist sich als zunehmend schwieriger, da sich die sozialen, gesellschaftlichen und politischen Ereignisse von Tag zu Tag überschlagen und aus persönlicher und fachlicher Sicht immer unerträglicher erscheinen, denn: »Eine Million Flüchtlinge sind auch das ferne Echo des Tötens in Syrien, im Irak, in Afghanistan oder Afrika« (Drobinski, 2015, o. S.). Die gegenwärtigen Auswirkungen der Dynamik der Fluchtbewegungen an den und innerhalb der europäischen Grenzen sind ohne die gewalttätigen Folgen der kolonialistischen Geschichte Europas der letzten Jahrhunderte nicht zu verstehen. Dieses »dunkle« Erbe Europas, mit seiner ganzen ausbeuterischen und imperialistischen Tradition, steht in einem direkten historischen Zusammenhang zur aktuellen globalpolitischen Situation, deren vertiefende Erörterung jedoch den Rahmen dieses Buches bei Weitem sprengen würde. Grundlegende Verpflichtung und Auftrag pädagogischer Fachkräfte zur Förderung und Umsetzung humanistisch-orientierter sozialer und gesellschaftlicher Werte im Umgang mit Kindern und Jugendlichen muss daher unweigerlich auch zum Konflikt mit einer aktuell zunehmenden inhumanen Politik im Umgang mit fluchtbetroffenen Menschen führen, denn: »Das Massensterben an den Grenzen ist kein Zufall, sondern das direkte Ergebnis dieses Systems« (Popp, 2015, S. 17). Es erscheint daher völlig unverständlich, warum es bis heute keine legalen Fluchtwege nach Europa oder spezifisch nach Deutschland gibt, um einer fatalen Abhängigkeit von skrupellosen Menschenhändlern entgegenwirken zu können. Stattdessen wird der eigentlich staatliche Auftrag bislang durch ein intensives bürgerlich-ehrenamtliches Engagement abgedeckt, da sich die Bundesregierung, gedeckt von der Abschottung der EU-Grenzen und der sogenannten Dublin-Verordnung, ihrer Verantwortung bisher nicht im ausreichenden Rahmen stellt (Popp, 2015). Die pädagogische Arbeit im Kontext von Menschen mit Fluchterfahrungen muss sich daher nicht nur fachlich, sondern auch gesellschaftlich-politisch eindeutig positionieren, ansonsten werden pädagogische Fachkräfte zu MittäterInnen inhumaner Politik:

»Es war eine Lebenslüge zu glauben, ein kleiner Teil der Welt könne auf Dauer in Frieden und Wohlstand leben, während der Großteil in Armut und Bürgerkriegen versinkt. Dass die Völkerwanderung sich früher oder später in Bewegung setzen würde, haben wir geahnt. Eigensüchtig haben wir gehofft: später« (Dahn, 2015, S. 81).

Rechtliche Aspekte

Seit Ende Juli 1951 stellt die Genfer Flüchtlingskonvention (GFK) das bisher wichtigste internationale Dokument zum Schutz von Menschen auf der Flucht dar. In ihr wird jede Person, egal welchen Alters, als »Flüchtling« definiert, wenn sie »aus der begründeten Furcht vor Verfolgung wegen ihrer Rasse, Religion, Nationalität, Zugehörigkeit zu einer bestimmten sozialen Gruppe oder wegen ihrer politischen Überzeugung sich außerhalb des Landes befindet, dessen Staatsangehörigkeit sie besitzt, und den Schutz dieses Landes nicht in Anspruch nehmen kann oder wegen dieser Befürchtungen nicht in Anspruch nehmen will« (GFK, 1951, Art. 1A Abs. 2: UNHCR, 2004, S. 1). Zentrale Aspekte der Genfer Flüchtlingskonvention sind dabei:

- »das Verbot der Ausweisung und Zurückweisung. Kein Flüchtling darf in ein Gebiet abgeschoben werden, in dem sein Leben oder seine Freiheit bedroht sind (Art. 33 Abs. 1).
- Rechte wie […] Religions- und Bewegungsfreiheit,
- das Recht auf Zugang zu Bildung
- sowie das Recht auf Arbeit […],
- das Recht, Asyl oder einen anderen Schutzstatus zu beantragen« (Gillen, 2015, S. 45).

Im Jahr 1993 wurde in Deutschland im Rahmen des sogenannten Asylkompromisses in der CDU/FDP-Regierung unter Helmut Kohl das Asylbewerberleistungsgesetz (AsylbLG) verabschiedet, das 2012 allerdings für verfassungswidrig erklärt wurde: »Die 2007 gewährten Leistungen […] seien evident unzureichend, den Bedarf für ein menschenwürdiges Existenzminimum – mit Ausnahme von Unterkunft, Heizung und Hausrat – zu decken« (Bundesverfassungsgericht, 2012, Abs. 69); »die in Art. 1 Abs. 1 GG garantierte Menschenwürde ist migrationspolitisch nicht zu relativieren« (Abs. 122). So kam es im März 2015 in der großen Koalition unter Angela Merkel zur Novellierung des AsylbLG im Sinne einer Anpassung der Leistungen an das Arbeitslosengeld II, um ein halbes Jahr später durch das Asylverfahrensbeschleunigungsgesetz in nicht unerheblichen Maße verschärfend modifiziert zu werden:
- die Aufenthaltsverpflichtung in Erstaufnahmeeinrichtungen (EAEs) wird verlängert,
- aber der Bildungszugang wird erleichtert. »Danach können Personen mit einer Aufenthaltsgestattung bereits nach drei Monaten eine betriebliche Ausbildung ohne Zustimmmung der Zentralen Auslands- und Fachvermittlung (ZAV) beginnen. Für eine schulische Ausbildung ist keinerlei Zustimmung erforderlich. Jugendliche mit einer Duldung können sogar ganz ohne Wartezeit und Zustimmung der Bundesagentur für Arbeit ihre betriebliche und schulische Ausbildung beginnen« (BumF, 2016b, o. S.).

Die EU-Richtlinie zur Aufnahme und Integration von Menschen mit Fluchterfahrungen, die bis zum Sommer 2015 umgesetzt werden sollte, sieht unter anderem ein Clearingverfahren vor, um besonders schutzbedürftige Menschen zu identifizieren: »In der Praxis wird das Verfahren noch nicht angewendet, eine Ausnahme bilden unbegleitete minderjährige Flüchtlinge, die durch das Jugendamt in Obhut genommen werden« (Ouatedem Tolsdorf, 2016, S. 24). Die zeitlich letzte gesetzliche Zuspitzung im Kontrast zur internationalen Gesetzgebung zum Schutz von Menschen mit Fluchterfahrungen stellt jedoch zum

Jahreswechsel 2015/16 der Beschluss des Asylpakets II dar. Inhalte dieses Regierungsbeschlusses der großen CDU/SPD-Koalition unter Angela Merkel wie zum Beispiel »Sonderlager, Familientrennung, Abschiebung trotz Gefahren« machen »Flüchtlingskinder [zu; Anm. d. V.] Leidtragende[n] der Kabinettsbeschlüsse« (BumF, 2016c) und verstoßen durch die geplanten »Schnellverfahren und ›besondere Aufnahmeeinrichtungen‹ […] gegen die UN-Kinderrechtskonvention« (BumF, 2016a). Neben dem Antrag auf Asyl wird daher schon seit Längerem häufig, zumindest von unbegleiteten minderjährigen Kindern und Jugendlichen, ein Antrag auf subsidiären Schutz gestellt:

> »Subsidiärer (behelfsmäßiger) Schutz gilt in Fällen, in denen das Asylrecht nicht greift, aber dennoch schwerwiegende Gefahren für Freiheit, Leib oder Leben drohen. So können Minderjährige auch ohne Asylantrag nationale Abschiebungsverbote nach dem Aufenthaltsgesetz geltend machen und vorübergehend in Deutschland bleiben« (Hödl, 2015, S. 132).

Sowohl das Bundesamt für Migration und Flüchtlinge (BAMF) als auch einige soziale Dienste und Nichtregierungsorganisationen (NGO) raten mittlerweile im Sinne des Kindeswohls in manchen Fällen sogar davon ab, ein Asylverfahren zu initiieren, da »es Minderjährigen oft schwerfällt, die Asylgründe nachvollziehbar vorzutragen und sie also wirksam geltend zu machen«, sodass es »in gewissen Fällen sinnvoll sein kann, Minderjährigen die belastende Situation eines möglicherweise erfolglosen Asylverfahrens zu ersparen« (Hödl, 2015, S. 131). Die gegenwärtige und geplante Gesetzeslage in Deutschland und anderen europäischen Ländern erschwert zunehmend einen verlässlichen Überblick zur gültigen Rechtslage und vergrößert damit den Widerspruch zu verbrieften internationalen Rechten zum Schutz von Menschen mit Fluchterfahrungen, oder anders ausgedrückt:

> »Hunderttausende suchen in Europa Sicherheit vor Verfolgung und Bürgerkrieg, so wie es ihnen die europäischen Verträge versprechen. Stattdessen landen sie im zynischen Verschiebebahnhof eines europäischen Asylrechts, das seinen Namen nicht verdient« (Müller, 2015, S. 262).

Kinderrechte und Schutz vor Gewalt

Über die Genfer Flüchtlingskonvention hinaus stellt die UN-Kinderrechtskonvention (KRK) klar,

> »dass sich die aus Artikel 3 KRK ergebende Pflicht der Orientierung jeglichen staatlichen Handelns gegenüber Minderjährigen an den ›best interests of the child‹ am Kindeswohl im praktischen Handeln, im Umgang mit und bei Entscheidungsfindungen gegenüber Kindern beweisen muss« (Berthold, 2014, S. 11).

Ergänzt und erweitert wird dies durch die Gesetze vorgaben des Kinder- und Jugendhilfegesetzes (KJHG/SGB VIII). Ein besonderes Gefährdungspotenzial für Kinder und Jugendliche mit Fluchterfahrungen liegt dabei europaweit in der massenhaften Unterbringung in Gemeinschaftsunterkünften, die keinerlei Rückzugs- und Schutzräume für begleitete und unbegleitete Minderjährige bieten. Der Deutsche Kinderschutzbund (DKSB) fordert daher folgerichtig von den politisch Verantwortlichen unter anderem:

- »bundesweite Mindeststandards für die Unterbringung von Flüchtlingen insbesondere für Familien mit Kindern (unter anderem abgeschlossene Appartements mit eigenen funktionstüchtigen sanitären Anlagen und Küchen für Familien mit Kindern, zentral gelegene Einrichtungen, Mindestgrößen der Wohnflächen, Freizeit- und Gemeinschaftsräume für Kinder zum Spielen und Lernen, regelmäßige Kontrollen durch die Gesundheitsämter, unabhängige Beschwerdestellen),
- sozialpädagogische Begleitung der Familien (Gemeinschaftsunterkünfte und Wohnungsunterbringung) zur individuellen Begleitung und Beratung ausbauen« (DKSB, 2015, S. 4).

Die bundesdeutsche Gesetzgebung des KJHG sowie die internationale KRK stellen zur Sicherstellung eines besonderen Schutzes von begleiteten und unbegleiteten Minderjährigen die konsequente Anwendung einer beteiligenden Praxis in den Mittelpunkt:

> »Nach der UN-KRK muss das Kindeswohl in allen Kinder betreffenden Maßnahmen vorrangig berücksichtigt werden, das gilt auch bei der Anwendung der relevanten ausländerrechtlichen Vorgaben wie Aufenthaltsgesetz, Asylverfahrensgesetz oder Asylbewerberleistungsgesetz. Ausländerbehörden und das Bundesamt für Migration und Flüchtlinge müssen in ihrer Praxis die

Interessen der Kinder berücksichtigen, sie als eigenständige Personen ernst nehmen« (Berthold, 2014, S. 12).

Partizipation muss in diesem Zusammenhang interkulturell und traumasensibel aufgestellt sein und verstanden werden, da sie auch für junge Menschen gilt, die vor Krieg und Diktatur geflohen sind und in der Regel wenig oder keine Erfahrungen mit Beteiligungsstrukturen haben.

Rassismus und der Begriff der »Fremdheit«

Wie bereits weiter oben erwähnt, polarisiert das Thema »Menschen auf der Flucht« unmittelbar in jeder persönlichen, gesellschaftlichen und politischen Diskussion (vgl. Einleitung). Die Ursachen dafür sind vielschichtig und münden oft mehr oder weniger in einem latenten oder gar offenem rassistischen Denken der einzelnen betroffenen Personen quer durch alle gesellschaftlichen Gruppen. Der Duden definiert Rassismus als

> »(meist ideologischen Charakter tragende, zur Rechtfertigung von Rassendiskriminierung, Kolonialismus o. Ä. entwickelte) Lehre, Theorie, nach der Menschen bzw. Bevölkerungsgruppen mit bestimmten biologischen Merkmalen hinsichtlich ihrer kulturellen Leistungsfähigkeit anderen von Natur aus über- bzw. unterlegen sein sollen« (www.duden.de/rechtschreibung/Rassismus).

So stellt die uneinheitliche staatliche Aufnahmepolitik von Menschen mit Fluchterfahrungen für die Leitung der UN-Flüchtlingskommission (UNHCR) bereits einen Beweis für Fremdenfeindlichkeit auf international politischer Ebene dar: »Ängste vor einer angeblichen Flüchtlingswelle in den Industriestaaten werden stark übertrieben oder fälschlich mit Fragen der Migration durcheinandergebracht. Man überlässt es den ärmeren Ländern, die Last zu schultern« (Gillen, 2015, S. 37). Der innenpolitische Diskurs ist stattdessen davon geprägt, diese Ängste in all ihrer Diffusität, durch hilflos-reaktiv erscheinende gesetzliche Reglementierungen und Verschärfungen wieder einzufangen, um eine fortschreitende Fehlentwicklung in den rechten Extremismus abzuwehren. Der einzelne Mensch auf der Flucht, egal, ob Kind, Jugendliche(r) oder Erwachsene(r), gerät dabei aus dem Blick, denn dem »Flüchtling werden nicht nur grundlegende Rechte verwehrt, er hat auch kein Mittel, darüber zu entscheiden, wie über ihn gedacht wird, die Borniertheit der Macht regiert, indem sie den Blick auf das Fremde als das

Erschreckende konstruiert« (Diez, 2016, o. S.). Die stets wiederkehrenden Bilder in den Nachrichten, in denen Kinder, Frauen und Männer in erbärmlichen, menschenunwürdigen Verhältnissen an stacheldrahtbewehrten Grenzen von Polizei und Militär zurückgehalten werden müssen, verdrehen die Perspektive, denn aus einem hilf- und schutzbedürftigen Menschen wird so eine »Bedrohung«, die mit allen Mitteln bekämpft werden muss. Anstatt jedes einzelne Kind, jede Frau, jeden Mann als menschliches Individuum zu betrachten, findet ein sprachlicher Prozess der Entmenschlichung statt, welcher der oder dem Einzelnen eine persönliche Subjekthaftigkeit abspricht und die Person zum »Problem«, zum Teil eines bedrohlichen »Stroms«, einer »Welle«, eines »Konflikts« erklärt, und all dies beginnt bereits mit der simplen, alltäglichen Formulierung vom sogenannten »Flüchtling«. Bereits 1943 beschrieb die jüdische Philosophin Hannah Arendt in ihrem Text »We Refugees« (der übrigens erst 1986 ins Deutsche übersetzt wurde):

> »Wir haben unsere Heimat verloren und damit unser gewohntes alltägliches Leben. Wir haben unseren Beruf verloren und damit die Zuversicht, dass wir zu etwas nutze sind in dieser Welt. Wir haben unsere Sprache verloren und damit die Natürlichkeit unserer Reaktion, die Einfachheit der Gesten, den unaffektierten Ausdruck von Gefühlen. Wir haben unsere Verwandten in den polnischen Ghettos zurückgelassen und unsere besten Freunde wurden in Konzentrationslagern ermordet, und all das bedeutete einen Riss in unserem privaten Leben« (Arendt, 1943/1986, S. 9; zit. nach Diez, 2016, o. S.).

Ersetzt man aus heutiger Sicht zum Beispiel »polnische Ghettos« durch Flüchtlingslager im Libanon, Jordanien, an der syrisch-türkischen Grenze oder »Konzentrationslager« durch die vom Islamischen Staat besetzten Gebiete, scheint dieser Text an Aktualität in den letzten Jahrzehnten nichts verloren zu haben. Diese altbewährte Methode der in der umgangssprachlich beginnenden alltäglichen Entmenschlichung hat bis heute Konjunktur und funktioniert sehr effizient, daher hat Europa in diesem Sinne keine »Flüchtlingskrise«, sondern »eine Krise des Menschenbildes« (Diez, 2016, o. S.). Mittlerweile ist dies allerdings nicht mehr alleine eine theoretisch-philosophische Fragestellung, sondern ein ernsthaftes gesellschaftliches Problem, berücksichtigt man den enormen überproportionalen Anstieg fremdenfeindlicher Anschläge und Verbrechen in den Jahren 2014/15, so »müssen [wir] die rassistische Gewalt in Deutschland als das benennen, was sie ist: eine Form des Terrors. […] Doch die Grenzen zum Terrorismus verschwimmen« (Popp, 2015, S. 20; Erg. v. Verf.). All diese gegenwärtigen Entwicklungen erscheinen unter Berücksichtigung der Geschichte der Bundesrepublik Deutschland ab Ende der 1940er-Jahre völlig unverständlich, da es damals keine Stadt oder kommunale Gemeinde und wahrscheinlich sogar keine einzige Familie gab, die nicht in irgendeiner Form von der massenhaften Flucht sogenannter »Vertriebener aus den damaligen Ostgebieten« und der Wiedereingliederung entlassener Kriegsgefangener, also alles Menschen auf der Flucht, direkt oder indirekt betroffen waren. Diese in West- wie auch in Ostdeutschland damals und bis heute kollektiv noch oftmals unbewältigten Belastungserfahrungen durch Krieg, Flucht und Vertreibung strahlen im psychotraumatologischen Verständnis bis heute auf die aktuelle Diskussion um Menschen auf der Flucht aus. Ein Grund unter weiteren, warum ehrenamtliche oder professionelle HelferInnen ihre hilfsorientierten Handlungsmotive fortwährend reflektieren sollten, ob das eigene Helfen wertschätzend-emphatisch ist oder eventuell anderen dahinter liegenden Motiven entspringt:

- Helfen aus individuellen, subjektiven »RetterInnen-Fantasien«: Die helfende Tätigkeit dient als zentrales Moment der Stabilisierung des eigenen Selbstbildes, da andere Quellen zur Selbstwertentwicklung nur unzureichend zur Verfügung stehen.
- Helfen aus einem Gefühl der Überlegenheit: Dieser Punkt hängt oft mit dem vorhergehenden eng zusammen, da es »einfacher« erscheint, Menschen zu helfen, denen es anscheinend noch schlechter geht, weil sie noch bedürftiger sind (wie zum Beispiel Menschen in Armut, Menschen mit Behinderungen, alten Menschen oder anderen sozialen Randgruppen).
- Helfen aus Schuldgefühlen: Eigene unbewältigte biografische Anteile oder unbewältigte familiäre Verstrickungen aus der Zeit des deutschen Faschismus können so zum Beispiel zu einem starken handlungsmotivierenden Impuls des »Wiedergutmachens« führen.
- Helfen aus Voyeurismus: Ein Mensch aus einer fremden Kultur kann eine »exotische« Wirkung auf HelferInnen ausüben und Geschichten seiner schrecklichen Erfahrungen auf der Flucht »Nervenkitzel« auslösen.

Diese Fragestellungen sind in der fachlichen Betrachtung in unterschiedlichsten Facetten immer wieder zu beobachten und können damit eventuell eine gravierende Beeinträchtigung der Wirksamkeit professioneller oder ehrenamtlicher Hilfen darstellen.

Für die Reflexion der individuellen Rolle als HelferIn ist es daher von zentraler Bedeutung, das eigene Verständnis der Begriffe vom »Normalen«, »Eigenen« und des »Fremden« zu klären, um die oben benannten Fallstricke im Helfen zu vermeiden und eigene fremdenfeindliche Anteile zu identifizieren, denn das

»Eigene wird kurz umschrieben mit Zugehörigkeit, Vertrautheit, Verfügbarkeit, Zugänglichkeit, als Zuhausesein unter Freunden. Das Fremde liegt jenseits der Eigenheitssphäre, jenseits der eigenen Grenzen. Es bedeutet das Unzugehörige, […] das Unzugängliche, das Unbekannte, auch das Unverständliche, nicht Fassbare. Das Fremde […] kann aber auch etwas Feindliches und Bedrohliches sein« (Bürli, 2011, S. 27 f.).

Dementsprechend ist ergänzend die Frage zu formulieren, wie sich »das ›Normale‹ als zwingender Imperativ auf die Einzelnen auswirken [kann], so dass jede Abweichung als gefährlich und jede Nicht-Abweichung als ungefährlich erscheint, die keiner Intervention bedarf« (Braches-Chyrek, 2010, S. 49), denn auch aufseiten ehrenamtlicher oder professioneller HelferInnen ist die Grenze zwischen dem vertrauten Normalen und dem bedrohlichen Fremden nicht selten eine sehr schmale, fragile, die sich in Belastungssituationen, zum Beispiel durch überlastende und überfordernde Arbeitsaufträge, sehr schnell auflösen kann. »Man muss dem Fremden gar nicht mehr dieses oder jenes andichten, eines ist er ganz gewiß: unbequem« (Ahlheim u. Heger, 2001, S. 11), darin besteht die besondere Herausforderung in der pädagogischen Arbeit im Kontext von Flucht und Vertreibung.

In der Diskussion um den Begriff des »Fremden« gibt es jedoch eine weitere, dazugehörige Seite: die Perspektive des Menschen, der sich als fremd empfindet, denn im Kontext von Flucht und Vertreibung »führt die weltweite Migrationsbewegung dazu, dass sich immer mehr Menschen als Fremde in fremden Ländern fühlen« (Bürli, 2011, S. 27). Das Empfinden von Fremdsein speist sich dabei nach Zimmermann (2012, S. 211) aus zwei zentralen Quellen:
– dem »Wunsch nach Normalität« trotz einer »stigmatisierten Lebenssituation«, die es aber nur geben könne, »wenn die Vergangenheit zumindest partiell verleugnet wird«, und
– »überdeutlich die Scham über die eigene Lebenssituation und die der primären Bezugspersonen, die eine Nicht-Thematisierung der Belastungssequenzen zur Folge hat«.

Umso bedeutender erscheint in diesem Zusammenhang, »wie wichtig emotionale, unmittelbare Teilhabe an der Situation der Jugendlichen« (Zimmermann, 2012, S. 215) bzw. der Betroffenen ist, im Gegensatz zu unreflektiertem Mitleid, »in das eigene Schuldgefühle der Mitglieder der Mehrheitsgesellschaft hineinprojiziert werden. Mitleid verstärkt Gefühle der Scham, ohne sie vor dem Hintergrund sozialer Diskriminierung durcharbeiten zu können« (Zimmermann, 2012, S. 215). Es geht also nicht nur um die Gestaltung der sogenannten Willkommenskultur, sondern weit darüber hinaus um die Frage, wie eine gelingende Integration gestaltet werden kann, denn

> »Kinder und Jugendliche aus arabischen wie aus anderen nicht-deutschen Familien sind tagtäglich mit Einstellungen, Erwartungen und Wünschen ihrer Eltern und zugleich mit Anschauungen und Anforderungen der hiesigen Gesellschaft konfrontiert. Wo bleibt da das ›Eigene‹? Was ist das ›Eigene‹, was das ›Fremde‹? Wer bin ›ich‹, was möchte ›ich‹? Bin ich deutsch, arabisch oder arabisch-deutsch? Diese Fragen – und vieles mehr – beschäftigen unsere jungen Patienten und auch uns in der therapeutischen Arbeit« (Belajouza, 2016, S. 159).

Die Angst der PädagogInnen vor dem Trauma

Es sind jedoch nicht nur die oben beschriebenen Ressentiments gegen »das Fremde«, die in der psychosozialen Versorgung traumatisierter Kinder mit Fluchterfahrungen ein wichtiges Thema in der Selbstreflexion der pädagogischen Fachkräfte ausmachen. Häufig reicht alleine schon die Erwähnung des Wortes Trauma, um Vorsicht, Zurückhaltung oder sogar Abwehr bei PädagogInnen auszulösen. Wie lässt sich dieses Phänomen erklären? Ein Grund muss im hohen Anteil traumatischer Erfahrungen allgemein in menschlichen Biografien gesehen werden, denn Erfahrungen von Ohnmacht, Hilflosigkeit und Kontrollverlust gehören zum Menschsein, ohne dass es in der Regel jedoch zu traumatischen Entwicklungen kommt. Das traumatisierte Kind kann die Fachkraft also schnell an eigene vergangene Erlebnisse von Ohnmacht und Hilflosigkeit erinnern. Eine Auseinandersetzung mit Trauma bedeutet für die Fachkraft häufig also, erneut mit den Folgen konfrontiert zu werden, wie zum Beispiel mit
- Gefühlen von Hilflosigkeit, Ohnmacht,
- Verlust,
- Konfrontation mit Extremen, die unsere Weltsicht und unser Gefühl von Sicherheit verändern,
- Kontrollverlust (Rothkegel, 2015, S. 16).

»Reaktionen wie Entsetzen, existenzielle Scham und Angst sind auch für HelferInnen normale Reaktionen, wenn sie grauenhafte Geschichten hören. Scham tritt oft als begleitender Prozess auf und ist nicht leicht zu erkennen« (Groen, 2005, S. 151), daher ist es auch für Fachkräfte wichtig, »ihre Schammuster zu bearbeiten […] und dann angemessen zu intervenieren« (Groen, 2005, S. 143).

Ein weiterer Grund für eine mögliche »Angst vor Trauma« liegt zudem in den oft unverständlichen Verhaltensweisen der betroffenen Kinder und Jugendlichen. Dieses Unverständnis wird verursacht durch:
- scheinbare Nichtansprechbarkeit, Abwesenheit, Unerreichbarkeit
- oder gegenteilig scheinbar grenzenloses impulsives, hyperaktives oder aggressives Verhalten (vgl. Kap. 2).

Beide scheinbar gegensätzlichen, aber stressbedingten Verhaltensweisen stellen im pädagogischen Alltag für die beteiligten Fachkräfte eine enorme Herausforderung dar, da sie schnell in Hilflosigkeit und Überforderung münden und zu Stressreaktionen bei den Betreuungspersonen führen können. Ein dritter Grund liegt in einer möglichen Verunsicherung durch interkulturelle Unterschiede, besonders in Bezug auf Familienbegriff, Geschlechterrollen und Religionsverständnis. Daher ist es von besonderer Bedeutung für Fachkräfte
- »sich dessen bewusst zu sein;
- sich nach den eigenen kulturellen Bezügen zu fragen;
- sich seiner Vorurteile bewusst zu werden;
- kulturelle Differenzen anzuerkennen, ohne sie kulturalisierend festzuschreiben« (Rothkegel, 2015, S. 18).

Unreflektierte Verunsicherungen sind häufig die Ursache in der Entstehung zusätzlicher weitaus belastender Emotionen, wie zum Beispiel Angst oder Bedrohungsempfindungen, die einen professionellen Arbeitskontext erheblich beeinträchtigen. Das Problem sind nicht die kulturellen Unterschiede, sondern »Vorurteile, Diskrimination und andere Formen aggressiver interkultureller Konflikte, die auf diesen Unterschieden basieren« (Groen, 2005, S. 144; vgl. auch Green, 1998). Davor müssen auch PädagogInnen sich schützen, denn ansonsten ist der Grat zur Entstehung fremdenfeindlicher oder rassistischer Haltungen ein sehr schmaler.

2 Traumapädagogik: Konzepte und Methoden

Trauma: Wissenswertes zum Verständnis

Was ist ein Trauma?

Der Begriff »Trauma« kommt aus dem Griechischen (τραύμα) und ist mit »Wunde« oder »Verletzung« zu übersetzen. Medizingeschichtlich wurde er bis ins 19. Jahrhundert fast ausschließlich für körperliche Verletzungen benutzt. Seit etwa 150 Jahren wurde der Begriff im Rahmen der sich entwickelnden Psychologie als neuer Fachdisziplin zunehmend auch für seelische Verletzungen angewandt und wird heute im allgemeinen Sprachgebrauch fast ausschließlich als psychische Verwundung verstanden. Alltagssprachlich kam es in den letzten Jahren, bedingt durch eine zunehmende Verwendung in der medialen Öffentlichkeit, erschwerend zu einer Bagatellisierung des Wortes, und so wird er mittlerweile leider auch auf triviale alltägliche Stresserfahrungen angewandt, was der Bedeutung von Trauma jedoch in keiner Weise gerecht wird. Verantwortlich dafür ist allerdings auch eine enorme Dynamik in der fachlichen Definition der letzten Jahrzehnte, da diese sich immer noch ständig verändert und erweitert, sodass selbst unter Fachleuten immer wieder Irritationen im gemeinsamen Verständnis entstehen können. Grundsätzlich ist das Trauma eine »starke seelische Erschütterung mit nachhaltiger Wirkung« (Köck u. Ott, 1994, S. 728), die im Unvermögen, mit einer bedrohlichen Situation umzugehen, entsteht, weil sie »mit Gefühlen von Hilflosigkeit und schutzloser Preisgabe einhergeht und so eine dauerhafte Erschütterung von Selbst- und Weltverständnis bewirkt« (Fischer u. Riedesser, 2009, S. 82). Bisherige individuelle Kompetenzen der Verteidigung und Bewältigung reichen nicht aus, um die extreme Stresserfahrung zu bewältigen, in der »Folge sind traumatische Erfahrungen von Kontrollverlust, Entsetzen und (Todes-)Angst durchdrungen« (Gahleitner, Loch u. Schulze, 2012, S. 6). Besonders treffend wurde das Verständnis von Trauma von der amerikanischen Traumaforscherin Judith Herman beschrieben (vgl. Definition »Trauma«).

Definition: »Trauma«
»Psychisches Trauma ist das Leid der Ohnmächtigen. Das Trauma entsteht in dem Augenblick, wo das Opfer von einer überwältigenden Macht hilflos gemacht wird. Ist diese Macht eine Naturgewalt, sprechen wir von einer Katastrophe. Üben andere Menschen diese Macht aus, sprechen wir von Gewalttaten. Traumatische Ereignisse schalten das soziale Netz aus, das dem Menschen gewöhnlich das Gefühl von Kontrolle, Zugehörigkeit zu einem Beziehungssystem und Sinn gibt.« (Herman, 1994, S. 53)

Traumatische Erfahrungen haben also nicht nur eine mögliche verheerende Auswirkung auf die individuelle Psyche eines Menschen, sondern ebenso gravierende Folgen für sein soziales Leben, denn Trauma isoliert und macht einsam. Der betroffene Mensch fühlt sich zu sozialen Gemeinschaften nicht mehr zugehörig, sein Kohärenzgefühl auch zu bisher nahen Bezugspersonen ist nachhaltig gestört, im Extremfall eventuell sogar zerstört, besonders wenn ihm die erfahrene Gewalt durch andere Menschen zugefügt wurde. Doch nicht jedes traumatische Ereignis, in der ein Mensch mit seiner eigenen Ohnmacht, Hilflosigkeit und mit Kontrollverlust konfrontiert wurde, muss direkt in eine Traumatisierung führen (vgl. Abb. 2). Es kommt auch nicht auf die Art der erfahrenen Gewalt an, denn ob diese als Trauma wahrgenommen wird, hängt vom individuellen Bewertungs- und Bewältigungskontext der betroffenen Person ab.

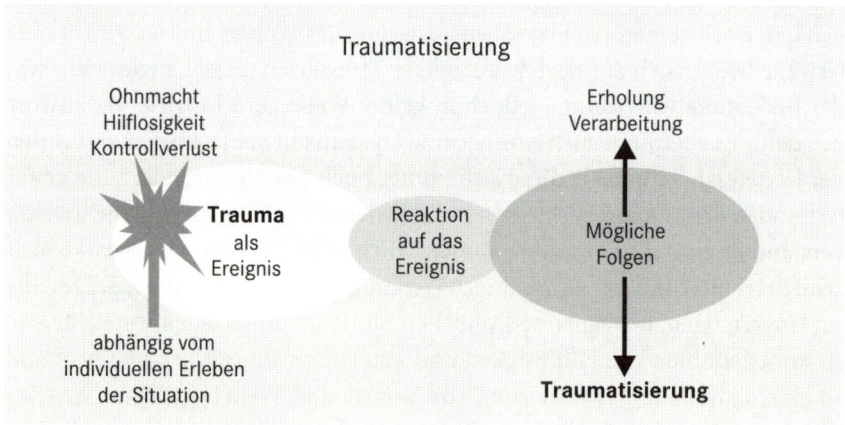

Abbildung 2: Traumatisierung

Traumaereignisse lassen sich je nach Charakter des Geschehens generell in zwei Gruppen einteilen:

- Typ-I-Trauma oder Monotraumatisierung durch Naturkatastrophe, (Verkehrs-)Unfall, Gewaltverbrechen, schwere Erkrankung, gravierende, plötzliche Veränderung im nahen sozialen Umfeld usw.
- Typ-II-Trauma oder komplex-chronische Traumatisierung durch fremde oder vertraute Bezugspersonen erlebte Verletzungen wie innerhäusliche Gewalt, sexualisierte Gewalt, Vernachlässigung, anhaltende Entwertung.

In der psychosozialen Versorgung ist eine Typ-II-Traumatisierung »wesentlich komplexer und in ihren Auswirkungen diffuser als eine Monotraumatisierung und deshalb auch schwerwiegender in den Folgen für die Betroffenen« (Gahleitner et al., 2012, S. 7) und stellt somit eine besondere Herausforderung für Therapie und Pädagogik dar. Um die individuellen Auswirkungen von traumatischen Erfahrungen verstehen zu lernen, die den pädagogischen Alltag mit betroffenen Kindern und Jugendlichen jederzeit sprengen können, ist es daher von besonderer Bedeutung, sich auch als PädagogInnen mit der Entstehung traumatischer Prozesse vertraut zu machen (vgl. Abb. 3).

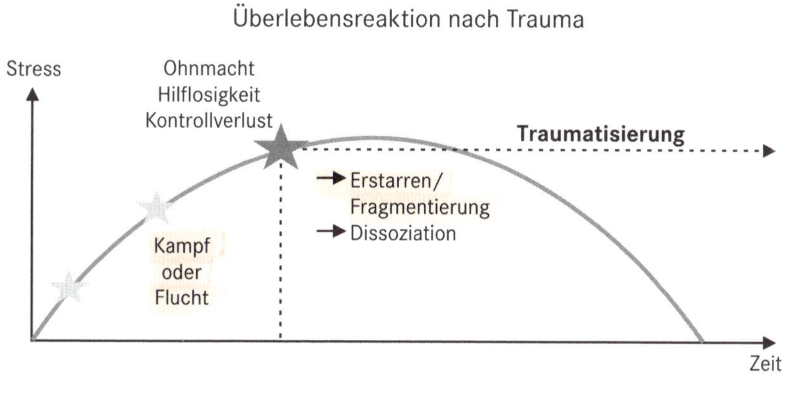

Abbildung 3: Überlebensreaktion nach Trauma

In hohen oder **extremen Stresssituationen** »schaltet der Körper reflexhaft auf ›Überlebensreaktion‹ um. Zu dieser gehören die natürlichen Reaktionsmöglichkeiten Kampf oder Flucht« (Naser u. Müller, 2015, S. 175). Diese evolutionär bedingten Notfallprogramme »Kampf oder Flucht« lösen im Organismus einen umfassenden Ausstoß an Stresshormonen (u. a. Adrenalin, Noradrenalin, Kortisol) aus, die den Körper mit übermäßiger Energie versorgen sollen. Folgeerscheinungen sind ein erhöhter Puls, hoher Muskeltonus und **sensitive Überwachsamkeit**, um möglichen Bedrohungen und Gefahren erfolgreich begegnen zu können (Perry u. Szalavitz, 2011, S. 56). Wichtig zu wissen ist, dass diese Notfallprogramme nicht willentlich steuer- oder beeinflussbar sind: Sie sind nicht planbar, sie geschehen einfach automatisch. Das betroffene Kind ist also nicht bewusst in der Lage, sein Verhalten zu steuern und zu regulieren, im Gegenteil, es reagiert ausschließlich aufgrund der Steuerung durch den zerebralen Autopiloten (vgl. Kap. »Neurobiologische Auswirkungen von Traumatisierung«).

»Wenn Kampf und Flucht unmöglich bzw. sinnlos sind, kommt es zu einer Situation extremer Ohnmacht bzw. Hilflosigkeit« (Naser u. Müller, 2015, S. 175). In dieser peritraumatischen Situation erlebt das Kind einen absoluten Verlust der Kontrolle über die Situation und ein drittes Notfallprogramm tritt neben Kampf oder Flucht auf den Plan: In der Wahrnehmung der Ausweglosigkeit geht der Körper in die Erstarrung (»Freeze«), die Wahrnehmung zersplittert (»Fragment«; vgl. Abb. 3). Dann vollzieht die Psyche, was der Körper nicht mehr vermag, um die Wahrnehmung einer drohenden Verletzung zu reduzieren: Sie »flüchtet nach innen«, sie dissoziiert. Die peritraumatische Dissoziation ist also eine psychische Schutzreaktion, die verschiedene sensorische und Wahrnehmungsebenen abspaltet, um das Ereignis möglichst erträglich und aushaltbar zu machen. Physiologisch schaltet der Organismus dabei in kürzester Zeit auf gegenteilige Prozesse um: Die energetische Überversorgung wird durch die Ausschüttung körpereigener Opioide, wie z. B. Endorphine, umgehend unterbrochen, der Körper wird sediert (Huber, 2003, S. 43; Garbe, 2015, S. 74). Folgen sind Beeinträchtigungen sämtlicher Sinneswahrnehmungen, der emotionalen und physischen Wahrnehmung sowie kognitiver und reaktiver Fähigkeiten. Verschiedene Menschen können ähnliche Gewalterfahrungen machen, werden aber völlig unterschiedlich darauf reagieren. Dem einen ist schon kurz darauf nichts mehr anzumerken, der andere scheint bleibend verändert und belastet. Die Verarbeitungsmuster extremer Stresserfahrungen können sich also völlig unterschiedlich darstellen:

- *resilientes Muster*: es gibt keine bleibenden Auffälligkeiten;
- *regeneratives Muster*: mit oder ohne Unterstützung stellt sich nach einer gewissen Zeit wieder Beruhigung und Erholung ein;
- *verzögertes Muster*: eine nachweisliche Belastungsreaktion entsteht erst nach großem zeitlichen Abstand zum Ereignis (teilweise Jahre bis Jahrzehnte);
- *chronisches Muster*: es kommt zu keiner Verarbeitung des Ereignisses, der traumatische Prozess hält unbefristet an (Bonnano, 2004).

Dies gilt auch für Menschen mit Fluchterfahrungen, die egal welchen Alters nach Deutschland kamen, denn nicht jeder Mensch, der die Grauen der Flucht überstanden hat, ist zwangsläufig traumatisiert, auch wenn das Risiko im Vergleich zum Bevölkerungsdurchschnitt dafür in der Regel sehr hoch ist. Es gehört daher in der professionellen Begegnung immer auch dazu, die Überlebensleistungen der betroffenen Personen wahrzunehmen und anzuerkennen, dass sie zwar in der Vergangenheit Opfer waren, aber grauenvolle Gewalt überstanden und so auch Überlebenskompetenzen entwickelt haben, die für die Bewältigung dieser Erfahrungen im pädagogischen Feld genutzt werden können. Gelingt die Bewältigung der existenziellen Gewalterfahrungen nicht, kommt es zur Entstehung traumabezogener Symptome, die sich drei großen Gruppen zuordnen lassen:

- *Symptome der Übererregung:* Im Bestreben, sämtliche Alltagssituationen unter Kontrolle zu behalten, um erneute Verletzungen zu verhindern, steht das Kind wie »unter Strom«. Dies zeigt sich u. a. in erhöhter Körperspannung, hyperaktivem Verhalten und sensorischer Überwachsamkeit. Hinzu kommen evtl. umfangreiche Störungen des Schlafverhaltens, mangelnde Fähigkeiten, Emotionen und Stimmungen zu regulieren, sowie umfangreiche Beeinträchtigungen im Bereich Aufmerksamkeit, Konzentration und Lernfähigkeit.
- *Symptome des Wiedererlebens oder der Reinszenierung:* Bereits vor fast 130 Jahren stellte einer der Pioniere der modernen Psychotraumatologie, der Franzose Pierre Janet (1989), fest, wer sein Trauma nicht verarbeitet habe, sei gezwungen, es wieder zu erleben. Besonders belastend sind dabei sogenannte »Intrusionen«, **d. h. wiederkehrende Bilder** bis hin zu emotionalen Zuständen (Flashbacks), die für das Kind so real sind, als würde die damalige Gewaltsituation gerade wieder geschehen. Ein weiterer Bestandteil des Wiedererlebens sind **(Alb-)Träume** mit wiedererkennbaren Inhalten, in denen ständig unbewältigte Inhalte bewegt werden. Doch auch auf der alltäglichen Verhaltensebene lässt sich Passendes identifizieren:
  • Im sogenannten »posttraumatischen Spiel« werden Gewalterfahrungen nachgestellt, aber ohne dass es zu Auflösungen kommt. Stattdessen münden solche Rollenspiele immer in Stereotypen oder einem katastrophalen Ende.
  • Reinszenierungen auf der Handlungsebene stellen immer wieder Situationen im sozialen Umfeld her, die vom Risiko oder den Umständen den ehemaligen Gewalterfahrungen ähneln, in dem irrationalen Glauben, diese diesmal in eigener Regie anders auflösen zu können.
  • Durch einen nachhaltigen Wechsel von einer früheren Opfer- in die TäterInrolle versucht das Kind bzw. der/die Jugendliche, sich von den alten Erfahrungen zu trennen und, wenn auch eine dysfunktionale, Selbstwirksamkeit herzustellen.

– *Symptome der Vermeidung:* Das traumatisierte Kind vermeidet unter allen Umständen alles, was an frühere Gewalterfahrungen erinnern könnte, wie Gedanken, Gespräche, Personen, Wahrnehmungen, Orte und Räume. Alles Neue, was erneutes Scheitern oder Versagen bedeuten könnte, darf unter keinen Umständen zugelassen werden, dies zeigt sich auch in umfangreicher Passivität und Affektverflachung. Die peritraumatische Abspaltung emotionaler oder physischer Wahrnehmungen setzt sich häufig fort. Stattdessen reagieren Kinder und Jugendliche häufig mit verzerrten Wirklichkeitskonstruktionen, die von PädagogInnen fälschlicherweise als Lügen, Täuschen oder Fantasiegeschichten verstanden werden (Weinberg, 2005, S. 113).

Das Traumaschema und das traumakompensatorische Schema

Zum besseren Verständnis der Auswirkungen traumatischer Erfahrungen auf die menschliche Psyche erscheint es an dieser Stelle hilfreich, sich mit zwei Erklärungsmodellen vertraut zu machen, die sowohl die direkte Wirkung der traumatischen Erfahrung als auch die nachfolgenden Bemühungen beschreiben, mit den »Gefühlen von Hilflosigkeit und schutzloser Preisgabe« (Fischer u. Riedesser, 2009, S. 82) umzugehen und diese zu bewältigen.

Das Traumaschema. Im peritraumatischen Feld lässt sich in Bezug auf Wahrnehmung und Handlung der betroffenen Person ein individuell aktiviertes Schema identifizieren, welches für die Gedächtnisverarbeitung und -speicherung der Gewalterfahrung verantwortlich und für die individuelle Ausgestaltung der zur Verfügung stehenden Bewältigungsstrategien von zentraler Bedeutung ist. Ist eine ausreichende Verarbeitung der Gewalterfahrung in der Folge nicht möglich, bleibt diese »als undifferenzierter Erinnerungskomplex im Traumaschema erhalten mit der ständigen Gefahr, einen unkontrollierbaren Erlebniszustand mit überwältigenden Gefühlen und erneuter Traumatisierung heraufzubeschwören« (Fischer u. Riedesser, 2009, S. 100). Für Kinder und Jugendliche mit Fluchterfahrungen bedeutet dies eine anhaltende Konfrontation und Auseinandersetzung mit dem individuellen Traumaschema, wenn Sicherheit und Perspektiventwicklung im Exil nur rudimentär oder vorläufig gesichert werden können. Dabei wird das Traumaschema, das für die Speicherung des traumabezogenen Unaushaltbaren zuständig ist, »durch den Teufelskreis überschießender Emotionen bei gleichzeitiger Schwäche der kognitiven Verarbeitungsmöglichkeiten bestimmt« (Fischer u. Riedesser, 2009, S. 101). Die Ausdifferenzierung des Traumaschemas vollzieht sich dabei im Spannungsfeld »von objektiven traumatischen Außenfaktoren und subjektiven Bedeutungszuschreibungen« (Gahleitner et al., 2012, S. 34; vgl. Abb. 4).

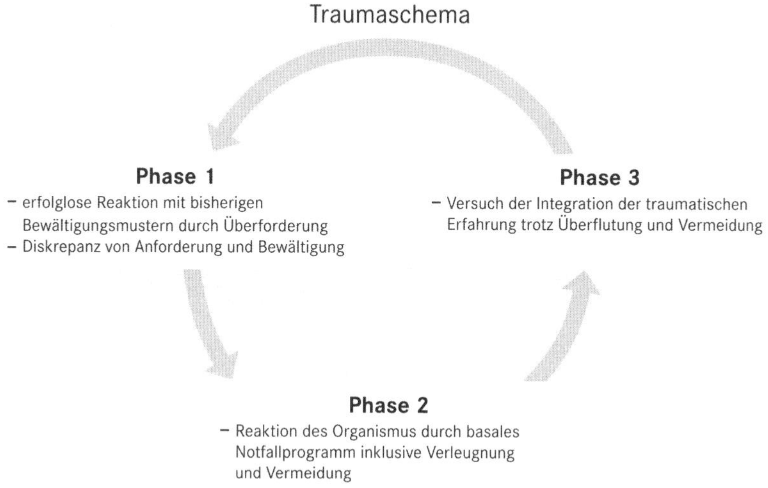

Traumaschema

Phase 1
– erfolglose Reaktion mit bisherigen Bewältigungsmustern durch Überforderung
– Diskrepanz von Anforderung und Bewältigung

Phase 2
– Reaktion des Organismus durch basales Notfallprogramm inklusive Verleugnung und Vermeidung

Phase 3
– Versuch der Integration der traumatischen Erfahrung trotz Überflutung und Vermeidung

Abbildung 4: Das Traumaschema
(eigene Darstellung in Anlehnung an Gahleitner et al., 2012, S. 34)

Das traumakompensatorische Schema: Das sogenannte traumakompensatorische Schema wird definiert als »Basisstrategie und individuelle Ausprägung der traumakompensatorischen Maßnahmen« (Fischer u. Riedesser, 2009, S. 375), es beschreibt also, wie und auf welche Weise die betroffene Person sich darum bemüht, existenziell bedrohliche Erfahrungen zu bewältigen. Dazu gehört u. a. die Entwicklung spezifischer posttraumatischer Belastungssymptome, denn diese »werden anhand dieses Modells als Selbstheilungsversuche transparent, ohne deren Destruktivität in bestimmten Lebenskontexten zu leugnen« (Gahleitner et al., 2012, S. 34).

Das traumakompensatorische Schema zeichnet sich durch drei Komponenten aus (vgl. Abb. 5), die einen subjektiven Gegenentwurf in Bezug auf Entstehungsgeschichte des Leidens, auf Lösungsentwürfe und eine möglichst traumafreie Zukunftsperspektive darstellen:

1. Theorie der Entstehung (»Ätiologie«): Opfer von Gewalterfahrungen geben sich nicht selten Mitschuld daran, dass ihnen Gewalt angetan wurde. »Wieso ist mir das geschehen?«, »Warum ich?« oder »Warum konnte ich es nicht verhindern?« sind typische Fragestellungen und können zu subjektiv-irrationalen Erklärungen führen, die dem Verarbeitungsrahmen des traumatischen Schemas geschuldet sind.

2. Theorie der Heilung: Entsprechend dem individuellen Traumaschema, das den Schmerz des Verletztseins bewältigen will, führt dies oft zu Verhaltensmustern, mit denen zwar die Verarbeitung des Traumas nicht gelingt, die aber individuelle Kurzzeitlösungen darstellen. Dazu gehören u. a. extreme Vermeidung, Betäubung durch übermäßiges Lernen/Arbeiten, Substanz- bzw. Drogenmissbrauch oder der Wechsel von der Opfer- in die TäterIn-Rolle (vgl. Gahleitner et al., 2012, S. 34).
3. Theorie der Prävention: Um sich auf zukünftige potenzielle Gefahrensituationen einzustellen, entwickeln schon Kinder und Jugendliche Glaubenssätze, wie etwa »Verlasse dich nur auf dich selbst!«, »Traue niemandem!« oder »Du darfst bloß nicht auffallen!«. Besonders bei jungen Menschen mit Fluchterfahrungen sind diese Haltungen zu finden, da neben der Hilflosigkeit durch die traumatische Flucht noch Erfahrungen rassistischer, struktureller und zwischenmenschlicher Gewalt im Exilland hinzukommen.

Abbildung 5: Traumakompensatorisches Schema

Alle drei Komponenten haben somit einen logischen Bezug zueinander, bedingen sich sozusagen gegenseitig und erweisen sich aus der Innenperspektive betroffener Menschen als hoch sinnhaft – von außen betrachtet jedoch häufig als dysfunktional. Zudem muss von pädagogischen Fachkräften unbedingt berücksichtigt werden, dass sich zum einen Ausprägung und Inhalt des Trauma- und traumakompensatorischen Schemas am Entwicklungsalter des Kindes oder Jugendlichen orientieren, in dem die Gewalt erlitten werden musste (Fischer u. Riedesser, 2009), und zum anderen deren Ausgestaltung kultureller Prägung unterliegt.

Neurobiologische Auswirkungen von Traumatisierung

»Wir sind nun einmal sozial organisierte Wesen, und genau so ist unser Gehirn beschaffen: nicht als Organ zum Denken, sondern als Organ, um mit anderen in Verbindung zu treten. Das Gehirn ist ein soziales Instrument« (Hüther, 2011, S. 42). Dies umfasst sowohl positive als auch negative zwischenmenschliche Erfahrungen. In diesem Sinne ist die Ausdifferenzierung des neuronalen Netzwerks im Gehirn eines traumatisierten Kindes immer auch das Ergebnis seines sozialen Austausches mit den Menschen in seinem alltäglichen Umfeld. Konkrete Lebenserfahrungen bestimmen also auch aus neurobiologischer Sicht »die erfahrungsabhängige Neuroplastizität, […] multiple Kopplungsphänomene und die nutzungsabhängige Bahnung neuronaler Verschaltungsmuster als allgemein akzeptierte Vorstellungen zur Erklärung der Herausbildung bestimmter Denk- und Verhaltensweisen, psycho-affektiver Zustände und psychosomatischer Reaktionsmuster von Menschen« (Hüther et al., 2010, S. 19). Auch für pädagogische Fachkräfte ist es daher wichtig, sich der Funktionsweise des menschlichen Gehirns bewusst zu sein, da fachliche Handlungsentscheidungen in umfassendem Maße davon abhängig sein sollten. Aus neurowissenschaftlichen Forschungsergebnissen ist bekannt, dass in Bezug auf Trauma »für unser Gehirn, unseren Geist und unseren Körper, unabhängig von Geschlecht und Nationalität, die gleichen Grundsätze gelten« (Shapiro, 2013, S. 59).

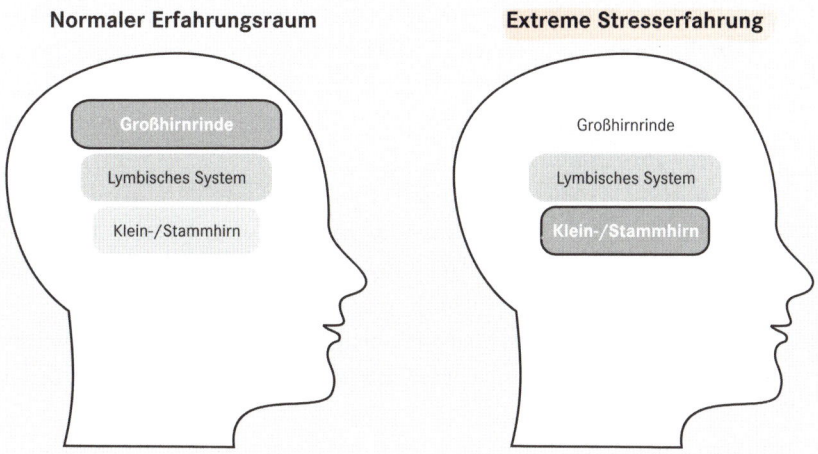

Abbildung 6: Das dreigliedrige Gehirn-Modell bei normalem Erfahrungsraum und extremer Stresserfahrung

Die Wirkungsweise von Stress auf das menschliche Gehirn lässt sich auch für Laien am vereinfachten Modell des dreigliedrigen Gehirns anschaulich verdeutlichen (Cori, 2015, S. 43 f.; vgl. Abb. 6). Dieses Modell geht auf die Arbeiten des US-amerikanischen Hirnforschers Paul MacLean zurück, der in den 1970er-Jahren das Konzept des »dreieinigen Gehirns« (»triune brain«) entwickelte (MacLean, 1970, S. 336–349), und gewann im Rahmen der psychoedukativen Arbeit mit traumatisierten Menschen in den letzten Jahren auch im deutschsprachigen Raum wieder erneut an Aktualität (vgl. Krüger, 2011).

Das menschliche Gehirn ist dabei hierarchisch in drei Ebenen organisiert:
1. Das Klein- und Stammhirn (auch »Reptiliengehirn« genannt) als unterste und stammesgeschichtlich älteste Ebene: Dieser Bereich steuert und organisiert die automatisierten Körperprozesse, wie Atmung, Kreislauf, Puls, Stoffwechsel, Wach-Schlaf-Rhythmus, also alles, was sich dem bewussten, willentlichen Einfluss entzieht. Zusätzlich sind auch die psychischen Notfallprogramme Kampf, Flucht und Erstarrung hier verortet, d. h., auch diese lassen sich nicht bewusst steuern. Der Mensch kann sich also im Ernstfall nicht für den Einsatz eines Notfallprogramms entscheiden, sondern »es passiert« ihm als autonom gesteuerte Antwort seines neurophysiologischen Systems auf extreme Gefahrensituationen.
2. Die mittlere Ebene umfasst das Limbische System (auch »Katzengehirn« genannt): Dieses ist die Verarbeitungszentrale für die Zusammenhänge von Informationen, Emotionen und Sinneswahrnehmungen. Besonders zwei Bestandteile des Limbischen Systems, der Hippocampus und die Amygdala, sind aus psychotraumatologischer Sicht von spezifischer Bedeutung:
    - Der Hippocampus (deutsch »Seepferdchen«) ist u. a. wie eine »Paketleitzentrale« verantwortlich für die Zusammenstellung und Speicherung der Erinnerungspakete, zusammengesetzt aus Information, Emotion und Sinneswahrnehmung.
    - Die Amygdala (deutsch »Mandelkern«) funktioniert u. a. als »Feuermelder« im Gehirn. Sie entscheidet autonom, d. h. ohne willentlich-bewussten Zugriff, ob eine neue Begegnung, Situation oder Information potenziell bedrohlich ist oder nicht.
3. Die Großhirnrinde (auch »ProfessorInnengehirn« genannt) als jüngste, aber höchste Ebene im menschlichen Gehirn, stellt den größten Unterschied im Vergleich zu allen anderen Säugetiergehirnen dar. Kognitives Denken, Lernen, sprachlicher Ausdruck, Kreativität und Entscheidungsfindung sind nur einige ihrer vielfältigen Möglichkeiten und Leistungen.

In normalen Alltagssituationen arbeiten alle drei Ebenen ihren Aufgaben entsprechend kooperativ und eng vernetzt zusammen, wobei die Großhirnrinde durch ihre Präsenz einen großen Einfluss auf individuelles Handeln und den Willen hat. Gerät der Mensch jedoch unter zunehmenden bis extremen Stress, gerät diese Ordnung durch die Warnfunktion der Amygdala ins Wanken, die Vernetzung der drei zerebralen Ebenen wird instabil, und durch ein vielschichtiges Zusammenspiel neuronaler und hormoneller Netzwerke werden zwei wesentliche Bestandteile des vegetativen Nervensystems aktiviert (Perry u. Szalavitz, 2011, S. 70 f.):

- Zunächst kommt es durch die unwillkürliche Aktivierung des »sympathischen Nervensystems« (Sympathikus) zu einer energetischen Leistungssteigerung und Übererregung, die dem Zweck dient, eine erfolgreiche Kampf- oder Fluchtreaktion zu ermöglichen.
- Ist Kampf oder Flucht nicht möglich, schaltet der Organismus durch das »parasympathische Nervensystem« (Parasympathikus) umgehend auf das genaue Gegenteil um: Der physische Organismus geht in die Erstarrung, die Spannung fällt schlagartig ab, es kommt zum Schockzustand (Hüther et al., 2010, S. 21). »Dabei werden die Wahrnehmung, die räumlich-zeitliche Einordnung (Hippocampus) und die assoziativen und ordnenden Fähigkeiten des Bewusstseins (Frontalhirnfunktionen), die normalerweise den sensorischen Input zu einem zusammenhängenden Erlebnis und einer später abrufbaren Erinnerung verknüpfen, außer Kraft gesetzt. Versprachlichung, (Broca-Sprachzentrum) und Kontextualisierung des Erlebten (Hippokampus und Frontalhirn) gelingen nur unzureichend« (Hüther et al., 2010, S. 22). Zusammengefasst bedeutet dies, dass die zerebrale Kontrolle von der oberen an die untere Ebene übergeht und sich damit einem bewussten Einfluss entzieht – bis zu einer erfolgreichen Beruhigung und Stabilisierung der betroffenen Person.

Gelingt die Herstellung von Sicherheit für die betroffene Person nicht, bleibt das Alarmsystem der Amygdala anhaltend aktiviert. Das bedeutet kognitives Denken, Lernen und Versprachlichung sind in diesem Zustand massiv beeinträchtigt, wenn nicht sogar unmöglich. So muss es »zwangsläufig […] zu einer **fortschreitenden Verfestigung dieser, durch psychische Traumatisierung ausgelösten Symptombildungen kommen**« (Hüther et al., 2010, S. 19), die jedoch als individueller Verarbeitungsprozess, im Gegensatz zur generellen Wirkung extremer Stressbelastungen auf das Gehirn, von biografischen Vorerfahrungen sowie Alter, Geschlecht, Religion, ethnischer Herkunft usw. abhängig sind. Diese mangelnde Fähigkeit zur Versprachlichung und die Herausbildung von

Symptomverhalten hängen eng zusammen, da das nicht zu kommunizierende Unaussprechliche des Traumas eine Entsprechung im Ausagieren auf der Verhaltensebene notwendig macht. Kinder und Jugendliche mit Fluchterfahrungen haben in dieser Hinsicht eine doppelte Hürde zu überwinden: zum einen die zwischenmenschlichen Sprachbarrieren in einem für sie fremden Land und zum anderen die traumabedingte Sprachlosigkeit, deren Bewältigung in einem traumapädagogischen Setting erst »später ›erlernt‹ werden muss« (Gahleitner et al., 2012, S. 6). Dieser Prozess, irgendwann Worte für das Grauenhafte zu finden, ist notwendig, um traumatische Erfahrungen zu bewältigen, »weil erst durch die Versprachlichung kognitive Zuordnungen ermöglicht werden« (Gahleitner et al., 2012, S. 26), ohne erneut von negativen, destruktiven Emotionen überflutet zu werden. Der Weg dorthin ist jedoch umso herausfordernder, je häufiger und andauernder das Kind während der Flucht Gewalttaten ausgesetzt war, denn

> »wer bereits verwundet ist, bleibt für erneute Verletzungen empfindlicher [...]. Kein Wunder also, dass solche Menschen sehr leicht erneut traumatisierbar sind, jetzt oft sogar durch Erlebnisse, die ihnen normalerweise, also vor ihrer ersten Traumatisierung, kaum etwas ausgemacht hätten« (Hüther et al., 2010, S. 23).

Entscheidende Wirkung und Bedeutung für eine erfolgreiche Überwindung traumatischer Erlebnisse haben in diesem Prozess verständnisvolle, traumasensible psychosoziale Fachkräfte, die dabei helfen, »die alte traumatische Erfahrung durch eine neue, positive Erfahrung zu überlagern« (Hüther et al., 2010, S. 27), denn das menschliche Gehirn lernt durch Mustererkennungen, die durch wiederkehrende Erfahrungen herausgebildet werden (Perry u. Szalavitz, 2011, S. 46).

Trauma – Reaktionen und Folgen

Die Besonderheit einer Traumatisierung liegt nicht alleine im Überleben unvorstellbar grauenhafter Bedrohungs- und Gefahrensituationen, sondern auch in den vielschichtigen Auswirkungen, denen die kindliche Psyche dauerhaft ausgesetzt ist. Eine der zentralen Folgen manifestiert sich dabei in einer tiefgreifenden Veränderung des individuellen Selbst- und Weltbildes (vgl. Abb. 7). Buchstäblich von einem Moment auf den anderen greifen alte Sicherheiten und Überzeugungen nicht mehr, sondern werden durch ihre negativen und destruktiven Gegensätze ersetzt.

Mädchen und Jungen mit Fluchterfahrungen sehen sich in diesem Prozess zudem mit vielfältigen zusätzlichen alltäglichen Belastungserfahrungen konfrontiert, denen sie im Exilland ausgesetzt sind, z. B.:

- das wachsende Bewusstsein, einer Minderheit anzugehören,
- die zunehmende Wahrnehmung im normalen Lebensumfeld, aufgrund rassistischer Äußerungen unerwünscht zu sein,
- die Nichteinschätzbarkeit von Zukunft, bedingt durch undurchschaubare Behördenprozesse,
- anhaltende Erfahrungen des Nichtverstehens und Nichtverstandenwerdens.

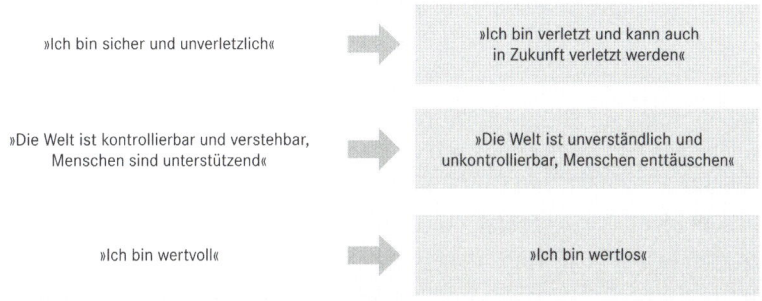

Abbildung 7: Veränderung des Selbst- und Weltbilds durch Trauma (eigene Darstellung in Anlehnung an Kracke, 2016, S. 2)

Solch ein »ständiges ›Anfeuern‹ bzw. kontinuierliche Stimulation belastender zwischenmenschlicher Erfahrungen« (Gahleitner et al., 2012, S. 11) führt über die Beeinträchtigung des eigenen Selbst- und Weltbilds hinaus zu einer gravierenden Beeinträchtigung des Vertrauens in soziale Beziehungen. Im Sinne des traumakompensatorischen Schemas bleibt dem Kind oder dem/der Jugendlichen also nichts anderes übrig, als bestimmte Gedanken, Erinnerungen, Körperwahrnehmungen oder Emotionen abzuspalten, zu dissoziieren, um ein basales Funktionieren im Alltag aufrechterhalten zu können. Ein grundlegendes Problem für die betroffenen Kinder und Jugendlichen stellt dabei die Einschränkung eigener Selbststeuerungs-Fähigkeiten dar, da sie selbst bei kleinsten Anforderungen stressbedingt durch ihre Notfallreaktionen beeinträchtigt sind. So lässt sich immer wieder beobachten, dass es gerade in solchen Zusammenhängen zu erheblichen Konflikten in ihrem sozialen Umfeld kommt, da Mitmenschen, die sich dieser Zusammenhänge nicht bewusst sind, häufig mit Unverständnis und Fehlinterpretationen des kindlichen Verhaltens reagieren. Dies betrifft sowohl nahe Angehörige, falls diese vorhanden sein sollten, als auch ehrenamtliche und professionelle HelferInnen, und so setzt sich für die Mädchen und Jungen das traumabedingte Dilemma fort, das ihnen vorenthält, was sie zur Bewältigung ihrer Erfahrungen am dringendsten benötigen: das Angebot umfangreicher positiver Beziehungserfahrungen, die entscheiden, »ob sich Kinder [...] dem Wagnis von Vertrauen und Beziehung erneut aussetzen und kohärente Bindungsrepräsentationen entwickeln können« (Weiß, 2013, S. 16).

> **Zum Beispiel: Aziz**
>
> Aziz (12 Jahre alt) kam nach 7 Monaten Flucht als unbegleiteter Minderjähriger von Afghanistan nach Deutschland. Nach seiner Inobhutnahme durch das zuständige Jugendamt wurde er in einer Pflegefamilie untergebracht. Dort lebt er jetzt schon seit 4 Monaten und besucht mittlerweile die örtliche Oberschule. Seine Pflegeeltern suchten vor Kurzem Beratung, da sie sein immer noch sehr distanziertes Verhalten zunehmend rat- und hilflos machte. Auch nach Wochen zeigte sich Aziz immer noch sehr verschlossen, ließ sich nur selten auf persönliche Begegnungen ein. Ähnliche Berichte kamen auch aus der Schule. Fühlte er sich unter Druck gesetzt, erstarrte er und schien nicht mehr erreichbar. Auf zu große körperliche Nähe reagierte er dagegen abwehrend und aggressiv. Zwischen beiden Reaktionsmustern schien es anscheinend nur einen sehr kleinen Zwischenraum zu geben, der ihm kaum Verhaltensalternativen ermöglichte. Sowohl Pflegeeltern als auch Lehrkräfte sahen sich mit der eigenen Erfahrung von Ohnmacht konfrontiert und begannen mittlerweile die Präsenz von Aziz in Familie und Schule infrage zu stellen.

Ohne ein Verständnis für das Verhalten von Aziz drohte also ein Beziehungsabbruch, der die Chancen für den Erfolg weiterer Betreuungsangebote maßgeblich beeinträchtigen würde. Ein wichtiges Erklärungsmodell für die Pflegeeltern zum Verständnis des Verhaltens des Jungen und seiner weiteren Betreuung lag im Modell des »Toleranzfensters« (vgl. Abb. 8).

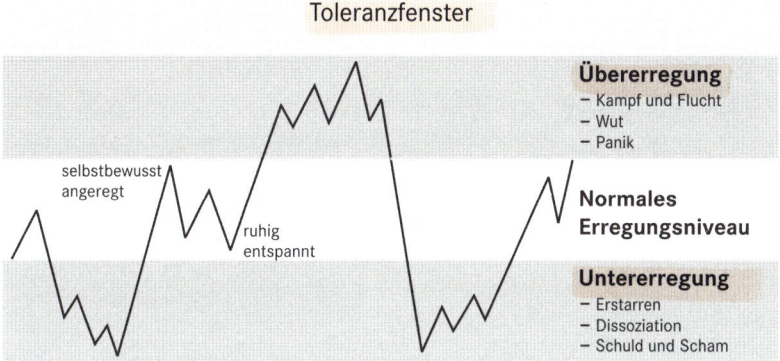

Abbildung 8: »Toleranzfenster« (eigene Darstellung in Anlehnung an Siegel, 1999/2006, S. 282–286)

Das »Toleranzfenster« beschreibt die Zone des normalen Erregungsniveaus zwischen den Polen von Ruhe und Entspannung einerseits und aktivem Selbstbewusstsein und Anregung andererseits. In dieser Zone steht dem Kind eigenständige Handlungssteuerung, Kommunikation und Kognition zur Verfügung. Stresserfahrungen können jedoch jederzeit dazu führen, dass es zu einem Aufsteigen in die Zone der Übererregung oder einem Abgleiten in die Zone der Untererregung kommt. Diese beiden Zonen sind durch die Wirkweisen der stressbedingten Notfallreaktionen bestimmt und entziehen sich der individuellen bewussten Steuerung durch das Kind. Kinder und Jugendliche mit Fluchterfahrungen weisen zumeist ein sehr schmales »Toleranzfenster« auf, daher liegt ein primärer traumapädagogischer Auftrag in der Sicherung und schrittweisen Erweiterung dieser Zone des normalen Erregungsniveaus. Gelingt die Erweiterung dieser Zone nicht, bleibt das Mädchen oder der Junge in diffizilen traumatischen Teufelskreisen hängen, denn »traumatische Erfahrungen leben in Erinnerungsebenen der Kinder und Jugendlichen fort und beeinflussen das Hier und Jetzt durch Flashbacks, Alpträume, Re-Inszenierungen und Übertragung der Beziehungsdynamiken« (Kessler, 2016, S. 125).

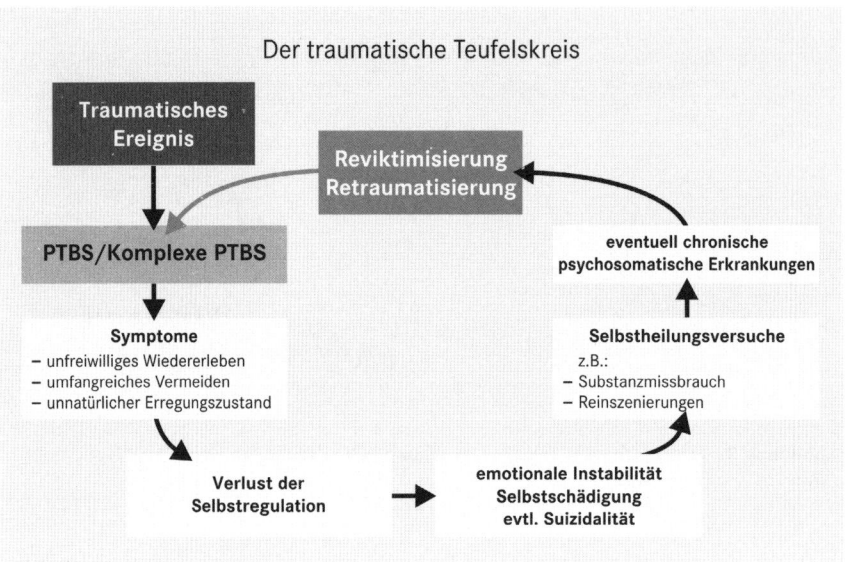

Abbildung 9: Der traumatische Teufelskreis (eigene Darstellung in Anlehnung an Gahleitner et al., 2012, S. 24 f.)

Diese Teufelskreise (vgl. Abb. 9) manifestieren sich dabei u. a. in folgenden Zusammenhängen:
- Verzerrte Wahrnehmung der eigenen Person und Umwelt:
  - Verlust von Sicherheit und Geborgenheit,
  - Umbewertung von Nähe und Vertrauen zu Bedrohung und Gefahr,
  - eventuell drohende Reviktimisierung,
  - Bereitschaft zu riskantem, selbstverletzendem Verhalten durch ein beschädigtes Selbstwertgefühl,
- Konfrontation mit Schuld und Scham:
  - Selbstanklage in Bezug auf Gewalterfahrungen, selber nicht stark genug gewesen zu sein,
  - Verleugnung subjektiver Ohnmachtserfahrungen,
  - Scham, überlebt zu haben,
- Gefühle von Ohnmacht, Angst und Aggression:
  - umfassender Verlust von Sicherheit, egal an welchem Ort,
  - ständig erhöhtes vegetatives Erregungsniveau,
  - Verlust physischer Entspannung,
  - Reduzierung von Schmerz und Angst vor Verletzung durch dissoziative Reaktionen (Gahleitner et al., 2012, S. 29–32).

Um diesen traumabedingten Belastungen entgegenzuwirken, entwickelt das Kind bzw. der/die Jugendliche unterschiedlichste Strategien, die zunächst Erfolg versprechen, da sie kurzfristig betäuben und die Überflutung durch traumatische Erinnerungen zu unterbrechen scheinen. Realistisch betrachtet führen diese Versuche der Selbstbehandlung jedoch mittelfristig zu einer Stabilisierung der traumatischen Teufelskreise (Gahleitner et al., 2012, S. 9), denn

> »gemeinsam ist allen Abwehrmechanismen der Versuch, das verletzte Innere zu schützen, auch wenn sie die Psyche des Opfers ungeheure Anstrengungen und Energien kosten. […] Langfristige Folgeerscheinungen […] verraten insofern bereits viel über die Bewältigungsformen der Traumaopfer« (Gahleitner et al., 2012, S. 32).

Sind die Auswirkungen traumatischer Erfahrungen im Herkunftsland und auf der Flucht schon belastend genug, dürfen die Folgewirkungen im Zuge mangelhafter Bewältigung ebenfalls nicht unterschätzt werden. Durch die vielschichtigen Gewalterfahrungen im Fluchtverlauf entstehen manifeste emotionale Muster, »wie z. B. Angst, Trauer, Ärger und Scham« (Mogk, 2016, S. 60), die zunehmend existenzbestimmend werden und die individuellen Handlungsweisen auch in unabhängigen Alltagssituationen dominieren. Erschwerend stellen hinzukommende »Komorbiditäten, wie beispielsweise depressive Störungen (F32 [nach ICD 10, Anm. d. Verf.]) und schädlicher Substanzgebrauch (F10, F11, F12, F17, F19) […] eher die Regel als die Ausnahme dar« (Mogk, 2016, S. 49) und machen somit deutlich, dass für Kinder und Jugendliche mit Fluchterfahrungen nach der Ankunft im Exilland erneute Belastungserfahrungen eine bittere Realität darstellen. Es wäre jedoch an dieser Stelle völlig missverständlich, wenn der Grad der Belastung des Mädchens oder Jungen nur an fehlenden individuellen Kompetenzen festgemacht würde. Eine mindestens genauso wichtige Rolle spielen dabei soziale, gesellschaftliche und politische Faktoren, die überhaupt erst ursächlich zu der erlittenen Gewalt geführt haben. Für ein umfassendes Verständnis von Traumatisierung, besonders von chronischen Gewalttraumata, reicht daher das klinische Erklärungsmodell allein nicht aus, da die Ursachen der Gewalt nur am Rande eine Rolle spielen. Es braucht also ein ergänzendes Erklärungsmodell, das im Folgenden dargestellt wird.

Das Konzept der Sequenziellen Traumatisierung

In diesem Modell wird Trauma als Prozess verstanden und nicht mehr als Ereignis, »in dem die Beschreibung einer sich verändernden traumatischen Situation der Rahmen ist, der festlegt, wie wir Trauma verstehen« (Becker, 2006b, S. 18) können. Entscheidend ist dabei die Schlussfolgerung aus der Beobachtung, dass ein Trauma nicht das Ergebnis eines bestimmten Ereignisses sein kann, da die traumatisierenden Folgen anhalten und weiter wirken, auch wenn die Gewaltsituation längst vorbei ist (Becker, 2006b, S. 18). Somit wird es auch zunehmend schwieriger, festzustellen, ob es sich bei nachfolgenden Gewalterfahrungen um neue Traumatisierungen oder sogenannte Retraumatisierungen handelt (Zimmermann, 2012, S. 49), dies bedarf einer weiteren zukünftigen Diskussion.

Das Konzept der Sequenziellen Traumatisierung geht zurück auf den niederländischen Arzt und Psychoanalytiker Hans Keilson (Keilson, 1979), der nach der Befreiung der Niederlande von der feindlichen nationalsozialistischen Besatzung Hunderte von Interviews mit jüdischen Waisenkindern führte. Drei dort stets wiederkehrende narrative Muster führten ihn zu dem benannten Modell, in denen sich die extremen Belastungserfahrungen der Kinder widerspiegelten, wobei besonders bezeichnend dabei war, dass von den meisten Kindern die letzte Sequenz oft als schwierigste wahrgenommen wurde:
1. Sequenz: vor Beginn der Verfolgung,
2. Sequenz: die direkte Verfolgung,
3. Sequenz: nach der Verfolgung (Zimmermann, 2012, S. 42).

»Keilsons Ansatz macht Trauma nicht als Symptomkatalog an einem Individuum fest, sondern begreift es als einen sequentiellen Prozess, der individuelles Leid nur in Bezug auf die gesellschaftlichen Prozesse verstehbar macht« (Hargasser, 2014, S. 238).

PädagogInnen, die in die Betreuung von Kindern und Jugendlichen mit Fluchterfahrungen involviert sind, müssen sich daher selber als AkteurInnen in diesen Prozessen verstehen, die »nie neutral und von außen« (Becker 2006b, S. 18) handelnd, sondern inhärenter Teil der Prozesse sind. Die pädagogische Arbeit in Kita, Schule oder Jugendhilfe gestaltet also äußere Rahmenbedingungen, die in einer engen Wechselwirkung mit den individuellen inneren Bewältigungsstrategien des Kindes oder des/der Jugendlichen stehen. Die Frage nach einer möglichen Traumatisierung beantwortet sich also erst aus dem wechselseitigen Zusammenspiel der äußeren und inneren Ebenen, somit ist das Konzept von Keilson »in besonderer Weise geeignet, die jeweilige eigene Praxis in der Betreuung von UMF [unbegleiteten minderjährigen Flüchtlingen; Anm. d. Verf.] im Kontext von Flucht, Asyl und Menschen- und Kinderrechtsverletzungen zu reflektieren« (Hargasser, 2014, S. 238).

Trauma: Wissenswertes zum Verständnis 49

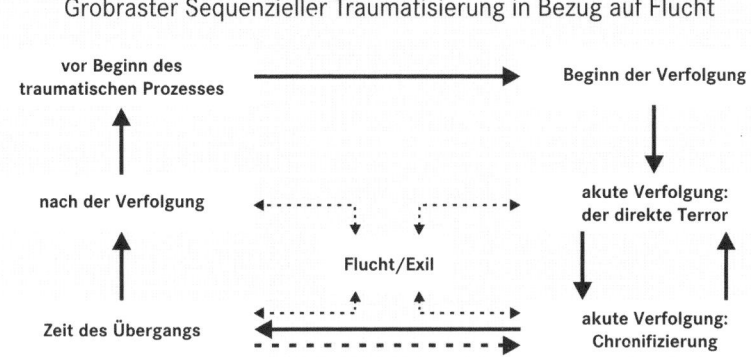

Abbildung 10: Grobraster Sequenzieller Traumatisierung in Bezug auf Flucht (nach Becker, 2006b, S. 19)

In den letzten Jahren wurde das Konzept von Keilson weiter ausdifferenziert und ermöglicht so eine detailliertere Anwendung (Becker u. Weyermann, 2006; Zimmermann, 2012). Grundlage dazu bildet ein Grobraster (vgl. Abb. 10), das von den drei ursprünglichen auf sechs Sequenzen erweitert wurde, die nachfolgend zusammen mit Beispielen kontextueller Fragestellungen dargestellt werden:
1. *Sequenz: Vor Beginn des traumatischen Prozesses.* Existierten sicherheitgebende familiäre Strukturen innerhalb der eigenen Sprache und kulturellen Tradition? Standen Bildungsressourcen zur Verfügung?
2. *Sequenz: Beginn der Verfolgung.* Woran machte sich die Wahrnehmung zunehmender Bedrohung fest? Welche Auswirkungen haben erste Fluchtgedanken auf den drohenden Verlust von Bezugspersonen, Famile, sozialem System und Status?
3. *Sequenz: Akute Verfolgung – der direkte Terror.* Welche massiv belastenden Ereignisse im Herkunftsland, z. B. Verlust von nahestehenden Menschen, Zuhause, sozialen Netzen und Zukunftsperspektiven haben zur Entscheidung für die Flucht geführt? Welche weiteren Verlust- und Gewalterfahrungen und existenzielle Überforderungen durch vielfache Überlebensprobleme mussten auf der Flucht überstanden werden?
4. *Sequenz: Akute Verfolgung – Chronifizierung.* Wie wurden Erfahrungen existenziellen Ausgeliefertseins an MenschenhändlerInnen, organisierter Gewalt und weiterer Todesbedrohungen überstanden? Welche Auswirkungen hatte die zunehmende Wahrnehmung der eigenen Verletztheit bzw. des eigenen Identitätsverlusts? Wie sah der Umgang mit den permanenten Erfahrungen

des Nichtverstehens bzw. Nichtverstandenwerdens aufgrund eingeschränkter sprachlicher Möglichkeiten aus?
5. *Sequenz: Zeit des Übergangs.* Welche ersten möglichen Perspektiven, »Inseln von Sicherheit« standen zur Verfügung? Wird eine erneute Flucht notwendig? Welche Möglichkeiten und Chancen bestehen in diesem ungeklärten Zustand? Wie wird die Erfahrung von struktureller und zwischenmenschlicher Gewalt (z. B. rassistischer, sexistischer Art) im Exilland bewältigt?
6. *Sequenz: Nach der Verfolgung.* Gelingt Integration? Gelingt Reintegration nach Abschiebung? Welche Möglichkeiten der Unterstützung in der Trauer- und Bewältigungsarbeit stehen in beiden Fällen zur Verfügung?

Auch für psychosoziale Hilfen liegt ein wichtiger Vorteil dieses Konzepts in der einfachen Anwendbarkeit in »unterschiedlichsten kulturellen und politischen Settings. Im Gegensatz zum PTSD definiert es keine begrenzte Anzahl von Symptomen oder Situationen, sondern fordert dazu auf, den speziellen historischen Prozess genauer zu betrachten« (Becker, 2006b, S. 18), der Klarheit über traumatisierende Zusammenhänge geben kann.

In der konkreten Praxis gilt es, dieses Grobraster auf die spezifischen Bedingungen anzupassen (vgl. z. B. Abb. 11), um sich die kontextuellen Faktoren – hier z. B. im Kontext von Flucht – zu erschließen (Becker, 2006b, S. 19), die für oder gegen Traumatisierungen sprechen könnten, aber leider »werden die beteiligten Hilfesysteme im Aufnahmeland als Teil dieses Prozesses in der Betrachtung meist ausgeklammert« (Hargasser, 2014, S. 221).

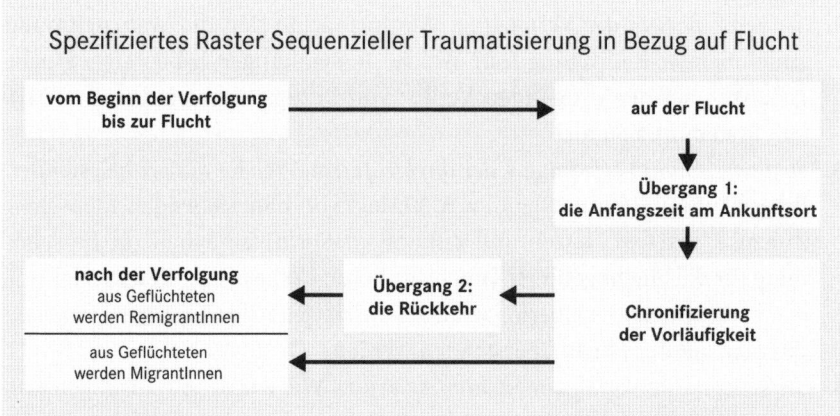

Abbildung 11: Spezifiziertes Raster für Sequenzielle Traumatisierung in Bezug auf Flucht (nach Becker, 2006b, S. 21)

Zum Beispiel: Buruk

Vom Beginn der Verfolgung bis zur Flucht. Buruk floh mit 15 Jahren über zwölf verschiedene Länder aus seinem Heimatland Eritrea nach Deutschland, um dem drohenden Militärdienst in einem tyrannischen System zu entkommen (vgl. Schlindwein, 2013). Besonders belastend waren für ihn die Trennung und der Verlust seiner Familie.

Auf der Flucht. Von Anfang an sah sich Buruk mit existenziellen (Todes-) Ängsten konfrontiert. Er hatte über keine einzige Minute seines Alltags mehr eigene Kontrolle, sah sich stattdessen der immer wiederkehrenden lebensbedrohlichen Willkür von verbrecherischen MenschenhändlerInnen und organisierten Kriminellen ausgesetzt. Hinzu kam der tägliche Kampf um Essen, Trinken und Schlafen. Bei jeder Grenzüberschreitung drohte erneut die Gefahr der Festnahme und Abschiebung ins Herkunftsland, jederzeit möglich durch willkürliche Maßnahmen militärischer oder polizeilicher Sicherheitskräfte. Und all dies in einer lebensfeindlichen Umwelt, die er nicht verstand und in der er nur unzureichend verstanden wurde.

Übergang 1: die Anfangszeit am Ankunftsort. Für Buruk war die Ankunft in Deutschland in keiner Weise der Beginn eines sicheren Lebens. Obwohl er in Deutschland unter dem Schutz des Jugendamtes stand, haben ihn die behördlichen Verfahren weiterhin massiv verängstigt. Hinzu kam, dass er sich zunehmend mit den psychosomatischen Folgen seiner existenziellen Erfahrungen auseinandersetzen musste, für die er aber bis heute kaum Worte findet.

Chronifizierung der Vorläufigkeit. Buruks Traum vom Beginn einer erfolgreichen Zukunft in Deutschland erhielt durch die anhaltende Verzögerung behördlicher Anerkennungsprozesse eine erhebliche Dämpfung. So dauerte es über vier Monate, bis er endlich einen Schulplatz bekam. Immer wieder musste er sich in dieser Zeit mit quälenden Gedanken auseinandersetzen, ob sich all die Strapazen und Gefahren der Flucht überhaupt gelohnt haben. Diese Gedanken stellten ein Haupthindernis für Buruk dar, sich offen auf das neue Leben in einem neuen Land einzulassen, da er im Kopf immer wieder auch zu Hause in Eritrea war. Die größte Hilfe und Unterstützung in dieser Zeit waren dabei für ihn professionelle und ehrenamtliche Menschen in seinem Umfeld, die sich sowohl fachlich als auch gesellschaftspolitisch engagiert haben, um Menschen wie ihm möglichst zeitnahe Hilfen zu ermöglichen.

Übergang 2: die Rückkehr bzw. nach der Verfolgung – aus Geflüchteten werden (Re-)MigrantInnen. Für Buruk stand eine (zwangsweise) Rückkehr nach Eritrea glücklicherweise nicht zur Diskussion, da er mittlerweile einen vorläufig gesicherten Duldungsstatus hat. Dennoch benennt er trotz vielfältiger Fortschritte bis heute Gefühle von Entwurzelung und Nichtangekommensein (vgl. Zimmermann, 2012, S. 45 f.).

So wird durch das Konzept der Sequenziellen Traumatisierung deutlich herausgearbeitet:
- Die Gefahr, traumatisiert zu werden, besteht für die betroffenen Kinder und Jugendlichen nicht allein nur im Herkunftsland oder unterwegs auf der Flucht.
- Ankunft und Aufenthalt im Exilland bedeuten nicht automatisch Sicherheit, sondern bergen ein zusätzliches Gefährdungspotenzial für traumatische Erfahrungen.
- Entscheidend für einen potenziell positiven oder negativen Verlauf der Traumabewältigung ist eine gelingende Integration im Aufnahmeland.
- Prozesse der Traumatisierungen können nur kontextbezogen verstanden und verarbeitet werden (Hargasser, 2014, S. 221).

Von den eingebundenen PädagogInnen braucht es daher »zwischenmenschliche Sensibilität wie auch eine gesellschaftskritische Haltung« (Gahleitner et al., 2012, S. 21), um zu verhindern, dass die Anerkennung einer Traumatisierung zu einem individuellen Stigma für das betroffene Mädchen oder den betroffenen Jungen führt. Das Konzept der Sequenztiellen Traumatisierung liefert dazu einen bedeutsamen Beitrag.

Interkulturelle Aspekte von traumatischen Ausdrucksformen

Die pädagogische Begegnung mit geflüchteten Kindern und Jugendlichen ist neben vielem anderen durch das Aufeinandertreffen äußerst unterschiedlicher Weltsichten und Lebenswirklichkeiten bestimmt. Leider werden diese Unterschiede auch in professionellen Zusammenhängen viel zu selten berücksichtigt. Stattdessen werden die betroffenen Mädchen und Jungen mit Erwartungshaltungen der westlich zivilisierten Fachkräfte konfrontiert, die sie nicht nur aus sprachlich bedingten Gründen zunächst überhaupt nicht verstehen können. Für pädagogische Fachkräfte ist es daher von grundlegender Bedeutung zu begreifen, welche Auswirkungen die traumatischen Erfahrungen der Flucht und deren Auslöser auf die psychische Gesundheit der Betroffenen in Bezug auf Kultur, Migration, Ankunft im Exil und Integration in einer fremden Kultur, in einem fremden Land haben, denn der

»Zusammenbruch des sozialen Gefüges, der Verlust der Familie und die Unterbrechung des alltäglichen Lebens, der Mangel an Schutz und Nahrung, der Abbau von Basisdienstleistungen und die Zerstörung der lokalen Infrastruktur tragen alle zu extremen Formen des Leidens und der Beeinträchtigung bei« (Pedersen, 2002, S. 179, übers. v. Verf.; vgl. auch Andermann u. Dremetsikas, 2014, S. 16).

Praxistipp: Kulturelle Unterschiede beim Sprechen über Trauma
In vielen Kulturen werden psychische Prozesse und besondere Belastungen alltagssprachlich eher negativ bewertet (z. B. als »Besessenheit«), oder es fehlen sogar Begriffe dafür. So ist der Begriff des Traumas eine westliche Konstruktion, die interkulturell nicht einfach übertragen werden kann. Anstatt von Gehirn und Psyche zu sprechen, bietet es sich in vielen Fällen an, über das »Herz« zu sprechen: »Mein Herz ist traurig, mein Herz weint, mein Herz blutet«. Die Herz-Metapher hat globale Bedeutung und ist somit hilfreich, westliches psychotraumatologisches Wissen psychoedukativ zu transportieren.

Der Begriff der Kultur als dynamisches und kulturhistorisches Konstrukt ist dabei zu verstehen als »ein gemeinschaftliches erlerntes Verhalten, das von einer Generation zur anderen weitergegeben wird, um individuelle und Gruppen-Anpassungen und -Adaptationen zu fördern« (Marsella, 1988, S. 10; vgl. auch Aroche u. Coello, 2016, S. 147 f.). Damit »ist Kultur als ein lebenslanger Prozess zu verstehen« (Tumani, 2016, S. 33), der die universellen und kulturübergreifenden Bindungsmuster sichern soll. In »allen bisher untersuchten Kulturen lassen sich immer wieder die drei Bindungsmuster finden: sicher, unsicher und ambivalent« (Tumani, 2016, S. 32; vgl. bereits Ainsworth, 1977). Durch Flucht und Vertreibung werden jedoch bisher gültige Bindungserfahrungen nachhaltig gefährdet, eventuell auch zerstört, und kommt dann noch hinzu, dass »das Gastland keinen sicheren Hafen bietet und die Immigranten sich in Bezug auf die vielen Belastungen, auf die sie in ihrem Leben treffen, nur unzureichend unterstützt sehen, dann ist ihr physisches und emotionales Wohlbefinden in Gefahr« (Arnold, 2016, S. 98). Konkrete Bindungserfahrungen im Exil, sicherer oder unsicherer Art, haben einen maßgeblichen Einfluss auf die positive oder negative Bewältigung der Fluchterfahrungen. So lassen sich durch »heilsame Erfahrungen« im Alltag durchaus wieder sichere Bindungsstile fördern (Aroche u. Coello, 2016, S. 129 f.). Ein kultursensibler Kinderschutz sollte sich daher an folgenden Aspekten orientieren:
1. Es »müssen der eigene Umgang mit Fremdheit und das Abrufen von Stereotypen beachtet werden. Welche Bilder und welche Informationen ruft

das Gehirn ab, wenn eine Person Menschen mit anderer Hautfarbe, anderer Religion, anderen Sitten und Gebräuchen sieht?«
2. Es »braucht [...] eine Haltung der Offenheit und der Neugier. Vorgefertigte Denkweisen engen das Handlungsrepertoire ein und verschließen die Sicht, die für einen guten Kinderschutz erforderlich ist, und dafür, wahrzunehmen, wie es diesem Kind in dieser Familie geht«.
3. Es »sind Wissen um Hilfe und Hilfeprozesse und die Reflexion des Verständnisses davon vonnöten« (Teke, 2016, S. 114).

Für ein umfassendes Verständnis der unterschiedlichen Faktoren, die im Kontext von Zwangsmigration, Flucht und Vertreibung auf die individuelle Person und ihr soziales System einwirken, kann ein interaktives Modell zur Beschreibung der Situation von Migranten und Flüchtlingen (Abb. 12) eine sinnvolle Hilfestellung sein.

Abbildung 12: Wirkfaktoren beim Prozess der Neuansiedlung (nach Aroche u. Coello, 2016, S. 134)

Dieses Modell (Abb. 12) verdeutlicht, dass

»Erholungs- und Eingliederungsaussichten traumatisierter Flüchtlinge eben nicht das statische Ergebnis des ursprünglichen und nunmehr hinter ihnen liegenden Traumas sind, sondern das Ergebnis der komplexen und dynamischen Interaktion sehr vieler Faktoren, von denen das ursprüngliche Trauma nur einer ist. […] Wie das Trauma, so ereignet sich unserer Meinung nach auch die ›Wiederherstellung‹ der traumatisierten Person als Resultat des Zusammenwirkens von Individuum, Bezugsgruppe und soziopolitisch-historischem Kontext« (Aroche u. Coello, 2016, S. 142).

Das Thema Trauma betrifft nie alleine nur die betroffene Person, sondern wirkt sich vielschichtig auf sämtliche Lebens- und Alltagsebenen aus. PädagogInnen und TherapeutInnen sind dabei genauso in die verschiedenen Wechselwirkungen und Prozesse eingebunden, stehen also nie nur außen vor (Becker, 2006a, S. 146). Die belastenden und potenziell traumatisierenden Erfahrungen im Herkunftsland und auf der Flucht, die sich durch weitere Gefährdungs- und Bedrohungserlebnisse im Exil fortsetzen, benötigen einen bio-psycho-soziosystemischen Ansatz, um zu verstehen, wie Hilfen und Unterstützungsmaßnahmen zur Eingliederung zu gestalten sind. »Veränderungen auf einer Ebene dieses Systems, seien sie negativer oder positiver Art, schlagen auf die anderen Ebenen durch« (Aroche u. Coello, 2016, S. 146; vgl. Abb. 13).

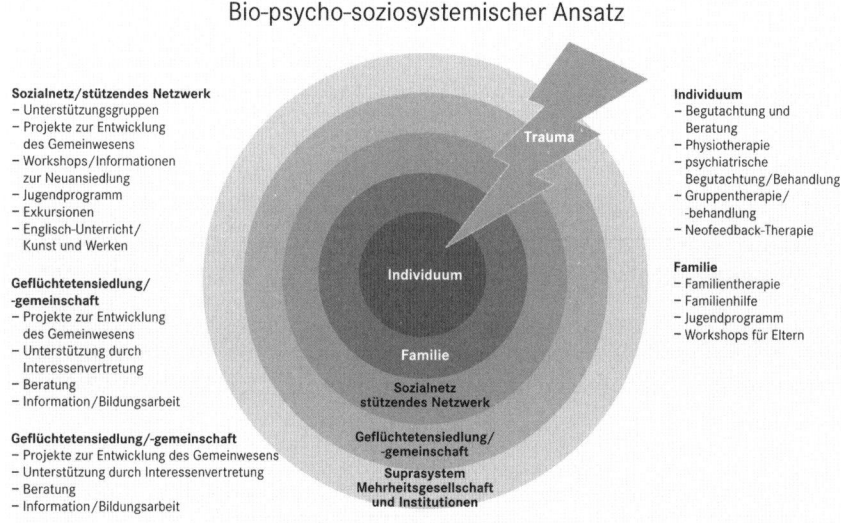

Abbildung 13: Bio-psycho-soziosystemischer Ansatz (nach Aroche u. Coello, 2016, S. 145)

Trauma und interkulturelle Kommunikation

»Zugehörigkeit ist für MigrantInnen wichtig. […] Die neue Sprache, die gelernt werden sollte, repräsentiert die Feindseligkeit der Umgebung, macht Angst« (Busch u. Reddemann, 2013, S. 25). Nicht nur traumaspezifisch bedingt ist in diesem Kontext sprachliche Kommunikation ein zentrales Thema in der Arbeit mit geflüchteten Kindern und Jugendlichen. »Mit einer neuen Sprache ist immer ein neues Symbolsystem verbunden. Gelingt es nicht, beide Systeme produktiv zu nutzen, kommt es verstärkt zu Vieldeutigkeiten und Widersprüchen« (Zimmermann, 2012, S. 80), die bis zu einem Ausdruck psychischer Entwurzelung führen können.

Die Akzeptanz der mutter- und fremdsprachlichen Bedeutung für die Gestaltung der individuellen Identität ist daher für eine traumapädagogische Praxis von besonderer Bedeutung. Wird dies von professionellen Fachkräften nicht ausreichend reflektiert und berücksichtigt, finden sie sich nicht selten in kompensatorischen Ethnisierungsprozessen wieder. Diese

> »zielen zu Beginn bloß auf Abgrenzung, genauer die Ausgrenzung bestimmter Bevölkerungskreise zum Fremden, zum ›Ausländer‹, und erst zum Schluß beginnt man, sich auch selbst ethnisch zu interpretieren. Ethnisierung setzt mit der Diskriminierung des anderen, mit der Erzeugung von Gruppen zu ethnischen Minderheiten ein« (Bukow, 1994, S. 16)

in Abgrenzung zu einer vermeintlichen eigenen deutschen Identität.

> »Interkulturelle Sensibilität stellt im Handlungsfeld der Arbeit mit geflüchteten Kindern, Jugendlichen und Erwachsenen neben dem Wissen über die traumatischen Erfahrungen und deren mögliche Folgen eine wichtige Grundhaltung dar. […] Dies bedeutet, statt der Anwendung von Kultur-Standardwissen vielmehr ein Bewusstsein dafür zu schaffen, dass es andere Sichtweisen auf ein gezeigtes Verhalten geben kann, wie beispielsweise ›Verschlossenheit‹ als ›Redeverbot‹« (Schulze, 2012b, S. 94).

Dies verlangt jedoch von den PädagogInnen eine hohe Bereitschaft, eigene Denkmuster zu hinterfragen und das eigene Handeln traumasensibel zu erweitern, denn in einer

> »Lebenssituation, die durch eine unsichere Zukunft geprägt ist, können pädagogische Normalisierungsprozeduren zur Unterdrückung von Traumafolgesymptomen führen, die die Belastungssymptome geradezu aufrechterhalten

oder durch Ohnmachtserleben erst aufkommen lassen. Als Konsequenzen daraus folgen weitere Desintegration und der Ausschluss von sozialer Teilhabe« (Schulze, 2012b, S. 96).

Pädagogische Angebote ohne ein interkulturelles Verständnis und traumaspezifisches Wissen bei nicht geklärtem Aufenthaltsstatus halten ansonsten Bedrohungserfahrungen aufrecht und verhindern somit wichtige Erfahrungen von Sicherheit und Stabilisierung.

Ausdrucksformen aktueller Belastungen und kommunikativer Schwierigkeiten
Kinder und Jugendliche mit Fluchterfahrungen befinden sich in einem permanenten Spannungsfeld, sich in einer fremden Wirklichkeit orientieren zu müssen, um zu überleben, bei gleichzeitiger Erfahrung, sich nur unzureichend verständlich machen zu können oder verstanden zu werden. Dies betrifft nicht nur fehlende sprachliche Kompetenzen im Exil, sondern auch oftmals unzureichendes interkulturelles Wissen bei den PädagogInnen. Wie bereits erwähnt, ist die traumatische Situation auch im Exil noch lange nicht beendet, solange der Bleibestatus gar nicht oder nicht zufriedenstellend geklärt ist. Im Gegenteil, fehlende Traumasensibilität bei den Verfahrensbeteiligten, lang andauernde behördliche Verfahrenswege und drohende Abschiebung erschweren den notwendigen Integrationsprozess, der entscheidend für eine psychosoziale Stabilisierung der betroffenen Mädchen und Jungen ist. Stattdessen bilden sich Ersatzprozesse heraus, die jedoch nur unzureichende Umstände für ein Leben im Exil darstellen (vgl. Berry, 1997). Dazu gehören unter anderem:
- *Überanpassung:* Kinder und Jugendliche unternehmen alles, um möglichst nicht aufzufallen. Dies wird z. B. in der Schule häufig als »gute Integration« fehlinterpretiert.
- *Abgrenzung:* Kinder und Jugendliche bleiben eng auf die eigene kulturelle Gruppe bezogen und vermeiden Kontakte zu anderen Mitmenschen, die nicht dazugehören. Dieser Prozess ist umso nachhaltiger, je weniger Integrationsangebote die Exilgesellschaft zu leisten bereit ist.
- *Freiwilliges oder erzwungenes Leben am Rand der Gesellschaft*: Aus Angst vor Repressalien ((Straf-)Maßnahmen) durch Polizei und Behörden wird ein Leben an der Grenze zur Illegalität bevorzugt. Die Aufrechterhaltung einer scheinbaren Autonomie wird dabei mit fehlenden Zugängen zu psychosozialen Hilfen bezahlt.

Neben der Notwendigkeit zur Aneignung der Exilsprache brauchen Kinder und Jugendliche mit Fluchterfahrungen allerdings auch Menschen, die bereit sind, ihnen zuzuhören, und die in der Lage sind, auch kleinere oder verborgene Belastungsreaktionen bei ihnen zu identifizieren, denn es ist wichtig zu verstehen, »dass unreflektierte Hilfen für Menschen mit Fluchterfahrungen selber einen nicht unerheblichen Gewaltanteil darstellen, denn ›satt und sauber‹ alleine reicht nicht« (Kühn, 2016, o. S.).

Leben in der Fremde – ein Sicherer Ort?

»Wir haben unser Zuhause und dann die Vertrautheit des Alltags verloren. […] Wir haben unsere Sprache verloren und mit ihr die Natürlichkeit unserer Reaktionen, die Einfachheit unserer Gebärden und den ungezwungenen Ausdruck unserer Gefühle. Unsere Identität wechselt so häufig, dass keiner herausfinden kann, wer wir eigentlich sind […] und das bedeutet den Zusammenbruch unserer privaten Welt« (Arendt, 1943/1986, S. 7 f.).

Weder begleitete noch unbegleitete Kinder und Jugendliche mit Fluchterfahrungen sind nach ihrer Ankunft im Exilland Deutschland wirklich in Sicherheit. Fehlende Möglichkeiten und Räume, die extremen Verlust- und Stresserfahrungen der Flucht zu verarbeiten, ein zunehmend feindlich gesonnenes Klima im Exilland Deutschland und eine immer restriktivere Asylpolitik sorgen dafür, dass die traumatischen Prozesse anhalten und häufig keine ausreichenden korrigierenden Erfahrungen zum Besseren gemacht werden können. Wenn der Auftrag traumasensibler Arbeit in »Rückgewinnung und Erhalt von Autonomie und Selbstbestimmung, des Gefühls, Macht über sich selbst zu haben und nicht wieder fremdbestimmt zu werden« (Schulze u. Kühn, 2012, S. 178) liegt, dann wird dies durch die zwischenmenschliche und strukturelle politische Gewalt im Exil in nicht unerheblichem Maße konterkariert und behindert. Pädagogische Arbeit, sei es etwa in Kita, Schule oder Jugendhilfe, ist somit immer wieder von äußeren Gewaltstrukturen bestimmt, die professionelle Wirksamkeit erheblich infrage stellen können. Die »Anerkennung der Verwundbarkeit« (Schulze u. Kühn, 2012, S. 179) von betreuten geflüchteten Kindern und Jugendlichen, aber auch – bedingt durch diese strukturellen Einflüsse – ihrer professionellen Bezugspersonen, stellt damit ein zentrales Thema für die professionelle Reflexion dar. Eine erstrebenswerte Lösung wäre eine zeitnahe positive Klärung des Bleibestatus für begleitete und unbegleitete Minderjährige mit Fluchterfahrungen im Exil Deutschland, um den Raum für die Verarbeitung der grauenhaften Erfahrungen endlich zu eröffnen, aber davon ist dieses Land trotz aller realen und vermeintlichen Hilfen leider immer noch weit entfernt.

Ein Sicherer Ort in der pädagogischen Arbeit

Kinder und Jugendliche mit Fluchterfahrungen brauchen im Exil sichere Orte, an denen sie korrigierende soziale Erfahrungen zu den extremen grenzverletzenden Erfahrungen der Flucht machen können. Ohne eine äußere Sicherheit ist die Erlangung innerer Sicherheit nicht möglich, sondern führt zu einer permanenten Aktivierung des neuronalen Notfallreaktionssystems der Kinder bzw. Jugendlichen und hält sie im Modell der Sequenziellen Traumatisierung auf der 5. Ebene, der Übergangsphase, fest. Das traumasensible Konzept einer »Pädagogik des Sicheren Ortes (PSO)« (Kühn, 2006; vgl. auch Schulze u. Kühn, 2012, S. 170) bietet für die Gestaltung entsprechender Angebote in Hilfe-, Betreuungs- und Bildungsmaßnahmen wertvolle Orientierung. Zentrale Aspekte dieses Konzeptes sind die »pädagogische Triade« und der »geschützte Dialog«, die im Folgenden näher erklärt werden. Diese beiden konzeptuellen Bestandteile helfen dabei, eine individuelle Persönlichkeitsentwicklung in einem geschützten Rahmen wieder zu ermöglichen. Für Kinder und Jugendliche mit Fluchterfahrungen ist allerdings zu berücksichtigen, dass diese wie bereits beschrieben unter erschwerten Bedingungen betreut werden müssen. Umso wichtiger ist es, dass professionelle HelferInnen ihre »Trauma-Blindheit« (Riedesser, 2003, S. 160) überwinden, um den betroffenen Kindern und Jugendlichen gerecht zu werden. Dabei geht es nicht allein um den Umgang zwischen erwachsenen Betreuungskräften und geflüchteten Kindern bzw. Jugendlichen, sondern auch um die Fragestellung, was PädagogInnen an eigener Versorgung und Unterstützungsmaßnahmen durch institutionelle Rahmenbedingungen und Strukturen brauchen.

Die pädagogische Triade

Damit eine Hilfemaßnahme, Betreuungs- oder Bildungseinrichtung ein Sicherer Ort für Kinder und Jugendliche mit Fluchterfahrungen werden kann, ist eine triadische Sichtweise notwendig: Neben den Mädchen und Jungen müssen auch die zuständigen Fachkräfte und die organisatorisch-institutionellen Bedingungen berücksichtigt werden, was diese zur Gestaltung eines Sicheren Ortes beitragen oder unterstützend erhalten sollten (vgl. Abb. 14 und Tab. 2).

Abbildung 14: Die Maßnahme als »Sicherer Ort«

Tabelle 2: Die Maßnahme als »Sicherer Ort«

AdressatIn	PädagogIn	Einrichtung
– Anerkennung und Wertschätzung des Leids und der Überlebensleistung der Kinder und Jugendlichen – kultur- und traumabedingte alltagsorientierte Wiederherstellung des zerstörten Dialogs zwischen Individuum und Umwelt, soweit wie möglich beginnend, auch muttersprachlich, über Symbole und Sprachassistenzen – verlässliche soziale Beziehungs- und Bindungsangebote, auch in zeitlich begrenzten Angeboten – Transparenz, Kontroll- und Wahlmöglichkeiten, so viel wie möglich z. B. an Schutz und anteilnehmender Begleitung	– fachliche Qualifizierung in interkultureller Kompetenz – mindestens monatliche Supervision, im Krisenfall Einzelsupervision, zusätzliche Teamtermine – verlässliche Dienstplanung und Vertretungsregelung – selbstreflexive Kompetenz und Fehlerfreundlichkeit – Coachingangebote in Stressbewältigung, Selbstfürsorge u. Ä.	– traumasensible Leitungskräfte für eine gemeinsame Kultur der Anerkennung – klare, transparente Verfahrenswege – Kriseninterventionsplan (inkl. Absprachen mit der örtlichen Polizei) – interdisziplinäre Vernetzung mit kurzen Wegen (z. B. TherapeutInnen, Beratung, AnwältInnen)

 Praxistipp: »Krisentandem«

Die Fachkräfte eines Teams werden in Tandems organisiert, gebildet von jeweils zwei MitarbeiterInnen. Diese beiden KollegInnen sind in Konflikt- oder Krisensituationen jeweils erste AnsprechpartnerInnen füreinander, Kontaktmöglichkeiten und Erreichbarkeit sind klar geregelt. Bei einer Einschätzung der emotionalen Intensität ab 5 fragt der/die TandempartnerIn mit etwas zeitlichem Abstand, z. B. telefonisch, später nochmals nach. Das Ablaufschema für »Krisentandems«:

Hilfen in der Situation
(wenn möglich, MA-Wechsel, Beruhigung, Abstand bekommen)
1. Situationsbeschreibung
(Wann ist was zwischen wem geschehen? Details!)
2. Auslöser
3. Belastungsgefühle
4. Intensität   1 - 2 - 3 - 4 - 5 - 6 - 7 - 8 - 9 - 10
5. Gedanken/Übertragungen
6. Reaktionen/Handlungen
(War es hilfreich? Gibt es Alternativen?)

Hilfen nach der Situation
(z. B. wenn wieder Zuhause, telefonisch mit dem/der TandempartnerIn)
1. Situationsbeschreibung
(Wann ist was zwischen wem geschehen? Details!)
2. Auslöser
3. Belastungsgefühle
4. Intensität   1 - 2 - 3 - 4 - 5 - 6 - 7 - 8 - 9 - 10
5. Gedanken/Übertragungen
6. Reaktionen/Handlungen
(War es hilfreich? Gibt es Alternativen?)

Das Formular (eigene Darstellung, in Anlehnung an Cloitre et al., 2006/2014) stellt einen Vorschlag zur Dokumentation dar. Zu klären wäre außerdem, wann und wie zuständige Vorgesetzte mit einbezogen werden.

Der Geschützte Dialog

Ein wichtiges Grundprinzip in der traumapädagogischen Arbeit mit geflüchteten Minderjährigen ist die Organisation von Unterstützungsnetzwerken. Traumatisierte junge Menschen sind zunächst nur unzureichend in der Lage, sich selbstregulierend im Umgang mit eigenen Gefühlen und Reaktionen als wirksam zu erleben. Sie brauchen daher Menschen in ihrem sozialen Umfeld, Peers, Ehrenamtliche und Fachkräfte, die ihnen parteilich zur Seite stehen und so für ihre zunehmende Sicherheit und Stabilisierung auch unter schwierigen Bedingungen im Exilland sorgen können. Im Verständnis der Pädagogik des Sicheren Ortes ist dazu die Herstellung eines geschützten Dialogs im Kontakt mit den anderen Alltagsfeldern (z. B. Schule, Förder- und Betreuungseinrichtungen, Behörden) notwendig, die in der Regel nicht besonders traumasensibel arbeiten (vgl. Abb. 15).

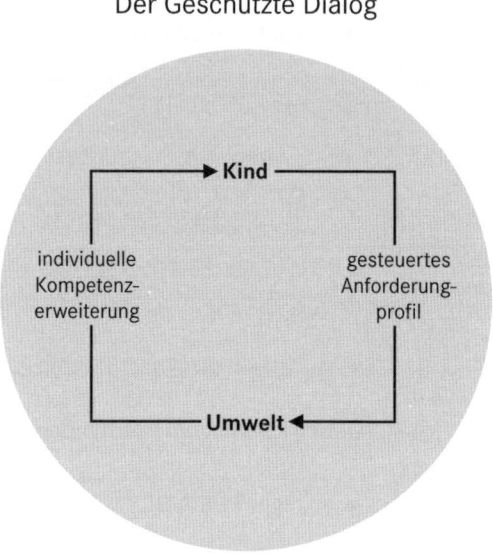

Abbildung 15: Der Geschützte Dialog

Der Geschützte Dialog hat als ein zentrales Ziel, dass Anforderungen, die auf Kinder oder Jugendliche in der Fremde zukommen, leistbar und erfüllbar sein müssen. Leistungserfahrungen, die das individuelle Vermögen übersteigen, stellen ansonsten eine erneute Versagenserfahrung dar, die bei traumatischen Vorerfahrungen nur zu einer Manifestierung der bisherigen Ohnmachtserlebnisse und zu Kontrollverlust führen. So wird das gesteuerte Anforderungsprofil dafür sorgen, dass weitere Beschämungs- und Schulderfahrungen verhindert werden. Gelingt die Vermittlung einer gemeinsamen traumaorientierten Wissensgrundlage, lassen sich weiterführende Hilfen und Maßnahmen wesentlich passgenauer vermitteln. Eine solche parteiliche Anwaltschaft durch traumaerfahrene PädagogInnen für das traumatisierte Mädchen oder Jungen mit Fluchterfahrungen ist ein wirksamer Schutz vor erneuten traumatisierenden Situationen und Begegnungen und daher wichtig für eine korrigierende kindliche Entwicklung auch in der Fremde, denn der Erfolg in der Bewältigung von Aufgaben, die sich im Exilleben stellen, führt zu einer Kompetenzerweiterung des traumatisierten Kindes. Dazu ist die Gestaltung von dialogischen Prozessen im zwischenmenschlichen Bereich und nach außen gerichtet nötig, um die grauenhaften Erfahrungen der Flucht und Vertreibung zu überwinden.

Exkurs: Bindungsorientierung in der Traumapädagogik

Bindung wird von BindungsforscherInnen beschrieben als das emotionale, raum- und zeitunabhängige Band zwischen zwei Menschen (Bowlby, 1969; Ainsworth, 1973). Auf der Basis sicherer Bindungserfahrungen kann ein Mensch explorative Fähigkeiten entwickeln, sich der Umwelt zuwenden und lernen. Fühlt er sich in irgendeiner Weise unsicher, bedroht oder unwohl, aktiviert das Bindungssystem Verhaltensweisen, die diesem Menschen ermöglichen, über seine Bindungspersonen wieder Schutz und Sicherheit herzustellen. Damit gehört »das Bedürfnis nach emotionaler Sicherheit durch eine sichere Bindungsbeziehung« (Brisch, 2016b, S. 249) zu den basalen Grundbedürfnissen eines Menschen und ist ebenso wichtig wie Ernährung, Schlaf und Bewegung.

Ein grundlegender Teil von Bindungsentwicklung findet in der frühen Kindheit zwischen dem Kind und seinen Bezugspersonen statt. So werden beide Elternteile gemeinsam oder auch einzeln kommen,

> »wenn das Kind weint, und ihm Linderung verschaffen, wenn es hungrig ist, friert oder Angst hat. Während sich sein Gehirn entwickelt, bilden diese liebenden Bezugspersonen die Schablone, die es für menschliche Beziehungen verwendet. Daher ist Bindung eine Erinnerungsschablone für das Band von Mensch zu Mensch. Diese Schablone ist unser erstes ›Weltbild‹ von menschlichen Beziehungen« (Perry u. Szalavitz, 2011, S. 114).

Anders, als es in der Vergangenheit angenommen wurde, bleibt dieses System aber zeitlebens offen und veränderbar, sodass neue Erfahrungen in die aus bisherigen Erfahrungen gebildeten Strategien aufgenommen werden und diese insgesamt verändern können. Damit ist Bindung »kein Fixum, sondern ein Kontinuum, das sich durch emotionale Erfahrungen in neuen Beziehungen zeitlebens in verschiedenste Richtungen entwickeln kann« (Brisch, 2009, S. 34).

Können in der frühen Kindheit nicht genügend Sicherheit gebende Erfahrungen gemacht werden, entwickelt das Kind Strategien, um auch in Zukunft das Erleben von Unsicherheit kompensieren zu können. Diese auch als Bindungsmuster bezeichneten Anpassungen an erlebte Erfahrungen sind sinnvoll, um mit Unsicherheiten umgehen zu können. Diese Muster für Verhaltensweisen und Verarbeitungen bestimmter Lebenssituationen müssen nicht als festgelegt und damit bleibend Muster angesehen werden, sondern es sind auch neue, korrigierende Erfahrungen möglich.

So können beispielsweise Fachkräfte zu Bindungspersonen werden (vgl. Ahnert, 2010, S. 125 ff.), indem sie im intensiven Kontakt das aktivierte Bindungssystem eines Menschen beruhigen und damit langfristig alternative Erfahrungen schaffen und etablieren. Erst ein beruhigtes Bindungssystem ermöglicht Exploration und damit neue Erfahrungen und neues Lernen.

»Vor diesem Hintergrund erscheint es notwendig, die pädagogische Beziehung nicht nur als zufälliges Nebenprodukt im Hilfeprozess zu betrachten, sondern sie in den Vordergrund sozialpädagogischer Handlungsplanung zu rücken« (Scherwath u. Friedrich, 2016, S. 89).

Und professionelle Nähe (statt Distanz) sollte – gerade bei der Arbeit mit traumatisierten AdressatInnen – als »Grundlage erfolgreicher Sozialer Arbeit« angesehen werden (Dörrlamm, 2006, S. 157).

Auch im Sinne der Traumaverarbeitung ist heute die Bedeutung von Sicherheit gebenden Beziehungen erwiesen.

»Nach bisherigem Erfahrungswissen kann man davon ausgehen, dass die Korrektur des Verlustes von Vertrauen durch neue, positive Erfahrungen über die Verlässlichkeit von Beziehungen der vielleicht wichtigste Ansatzpunkt zur Bearbeitung traumatischer Erfahrungen ist« (Hüther, 2002, o. S.).

Dies ist nicht nur in der Kindheit, sondern zeitlebens auch noch im Erwachsenenalter möglich (Reddemann, 2008, S. 128).

Bindungsorientierte pädagogische Konzepte können Fachkräften dabei helfen, die mit bestimmten Verhaltensweisen ausgedrückten Bedürfnisse zu verstehen und adäquat zu beantworten (Scherwath u. Friedrich, 2016, S. 87 ff.). Die Erkenntnisse der Bindungsforschung bieten unabhängig vom Alter eines Menschen die Möglichkeit, grundlegende und genau auf die Person abgestimmte Angebote zu gestalten. Dies kann auch den Aufbau sicherer Bindungen nach traumatischen Lebenserfahrungen unterstützen.

Übersicht: Das Konzept der Feinfühligkeit
Feinfühligkeit
Aus der Kleinkindforschung ist bekannt, dass bestimmte Beziehungs- und Reaktionsfaktoren der Bindungspersonen die Erfahrungen des Kindes in Bezug auf Sicherheit positiv beeinflussen können. Dieses Konzept der Feinfühligkeit beschreibt »die Fähigkeit des Erwachsenen, die Signale und Kommunikationen, die das Kind äußert, richtig wahrzunehmen und zu interpretieren und schließlich angemessen und prompt zu reagieren« (Grossmann, 2012, S. 35; vgl. auch Ainsworth, 1973). Eine feinfühlige Interaktion erfordert »Aufmerk-

samkeit gegenüber dem Kind, die Wahrnehmung, empathische Deutung sowie adäquate und prompte Reaktion auf seine Gefühle und Bedürfnisse« (Drieschner, 2011, S. 12 f.; vgl. auch Brisch, 2003; Suess et al., 2009; Scherwath u. Friedrich, 2016, S. 90 ff.).

Präsenz
Feinfühlig (re)agieren zu können, setzt bei der Fachkraft eine starke Achtsamkeit und Verlässlichkeit für das Gegenüber voraus, um neues Sicherheitserleben zu ermöglichen. Diese hohe Aufmerksamkeit wird als Präsenz bezeichnet und stellt »in der Arbeit mit traumaverwundeten Menschen« eine Antwort auf deren »besondere Sensibilität und hohe Verletzlichkeit« (Scherwath u. Friedrich, 2016, S. 93) dar.

Resonanz
Sprachliche Feinfühligkeit zeichnet sich besonders durch das Mitfühlen mit dem inneren Erleben des anderen Menschen aus, es befähigt dazu, den Gefühlen des anderen Ausdruck zu verleihen. Dieses empathische Mitschwingen, Resonanz genannt, hilft die Sprachlosigkeit und innere Starre zu durchbrechen, die nach Traumatisierungen eintreten, und umfasst »das Spiegeln des Inhalts einer Aussage des Anderen, das Identifizieren und Benennen von Gefühlen und Intentionen, die hinter einem Verhalten stecken können, das Heraushören und Verbalisieren eines Gefühls, was in einer Äußerung steckt, handlungsbegleitende Kommentare« (Scherwath u. Friedrich, 2016, S. 95).

Körperkontakt
Da sprachliche Resonanz oftmals nicht ausreicht, um einen traumatisierten Menschen in seiner Starre zu erreichen und zu beruhigen, gehört zu den bindungsorientierten pädagogischen Maßnahmen auch körperliche Berührung, denn »Nähe, Trost und Körperkontakt festigen den Bindungsprozess physiologisch« (Grossmann u. Grossmann, 2004, S. 44). Dabei ist unbedingt sehr feinfühlig auf die Signale des Gegenübers zu achten, um mögliche Grenz(setzung)en zu erkennen (Scherwath u. Friedrich, 2016, S. 97).

Eine gemeinsame Sprache finden

Ein grundlegendes Verständnis von Mensch-Sein besteht in dem Bedürfnis nach Gemeinschaft (»Ich will nicht alleine sein!«), und nach aktiver Aneignung der Welt (»Ich will lernen!«) (vgl. Jantzen, 1992), d. h., der Mensch ist in jedem

Lebensalter auf die Kommunikation mit anderen Menschen angewiesen, um sich weiterzuentwickeln und den eigenen Lebensraum gemeinsam mit anderen im Alltagsfeld zu gestalten.

»Gerade diese Vorstellung einer gemeinsamen Welt wird infolge von Traumatisierung unterbrochen, da die Erfahrung massiver Ohnmacht und Gewalt nicht mehr Teil der Welt der ›anderen‹ ist, insofern nicht mehr als mit-erlebbare und teilbare Wirklichkeit erscheint, eine Verständigung darüber kaum mehr möglich ist. [...] Die Sprache ist demnach zentral für unsere Lebenswelt und unser Leben in ihr und notwendig, um diese Lebenswelt zu verstehen« (Schulze, 2012a, S. 147 f.).

Im Kontext von Flucht und Vertreibung sehen sich die betreuten Kinder und Jugendlichen wie auch ihre betreuenden Bezugspersonen mit einem Trilemma der Sprachlosigkeit konfrontiert:
– traumabedingte Sprachlosigkeit durch neurologische Prozesse unter Stress,
– fehlende oder mangelhafte Kenntnisse der Exilsprache bei den Minderjährigen,
– Hilflosigkeit aufseiten der HelferInnen, sich verständlich zu machen.

Hält die Erfahrung »Ich werde nicht verstanden!« an, können die Sprach- und Verständigungsbarrieren nicht überwunden werden, halten die traumatisierenden Bedingungen an und selbst HelferInnensysteme können so Teil des traumatischen Prozesses werden. »Diese Situation kann zu einer einsamen ›In-between‹-Position führen« (Meurs u. Jullian, 2016, S. 229) oder anders formuliert: »Und bleiben wir hier, werden wir wie der Strand. Nicht ganz Meer, nicht ganz Land« (RebelComedy, 2015, o. S.).

Aufbau von Kommunikation und Hilfsmitteln

Was kann also helfen, das Trilemma der Sprachlosigkeit zu überwinden und Kommunikation zu ermöglichen? Dazu sollen im Folgenden Anregungen und Hilfsmittel vorgestellt werden.

»Es bedarf sowohl der rein sprachlichen Verständigung, so dass Worte und Aussagen in ihren jeweiligen Bedeutungen von beiden Seiten verstanden werden können. Darüber hinaus sind kulturelle und migrationsspezifische Hintergrundinformationen notwendig, damit Professionelle die Aussagen der Klienten in einen soziokulturellen Rahmen setzen können« (Hegemann u. Budimlic, 2016, S. 13 f.).

DolmetscherInnen: Eine der größten Schwierigkeiten ist es für das eigene Angebot, die eigene Einrichtung, einen kurzen Weg zu MuttersprachlehrerInnen zu bekommen, die als DolmetscherInnen helfen können.

Praxistipp: »Sprach-PatInnen«

Zusammen mit örtlichen Flüchtlingsinitiativen, der regionalen Bürgerverwaltung, sozialen Organisationen und engagierten Ehrenamtlichen einen Pool von muttersprachlichen »Sprach-PatInnen« aufbauen, die sich für die Arbeit mit Kitas, Schulen und anderen Einrichtungen zur Verfügung stellen.

Aber: Begleitete oder unbegleitete Minderjährige sollten niemals mit DolmetscherInnenaufgaben beauftragt werden, auch wenn dies häufig als einfachste Lösung erscheint. Rollenkonflikte und Überforderungen wären vorprogrammiert.

Eine erfolgreiche DolmetscherInnentätigkeit sollte sich an den Angaben der »grünen Karte« orientieren (vgl. Übersicht »grüne Karte«).

Übersicht: Die »grüne Karte« des Dolmetschens im sozialen und medizinischen Bereich nach R. Salman

Die Planungsphase des Dolmetschgesprächs
- Den Vermittlungsdienst oder DolmetscherIn informieren
- Finanzierung, Termin, Ort und GesprächsteilnehmerInnen festlegen und die notwendigen Personen einladen
- Zeit einplanen, um den/die DolmetscherIn ein paar Minuten vorher für ein Vorgespräch empfangen zu können

Das Vorgespräch zwischen Professionellen und DolmetscherIn
- Mitteilung der Gesprächsziele und der Arbeitsweise der Institution
- Erklären der Vorgeschichte und der bisherigen Kommunikationsprozesse
- Darstellung relevanter kultureller Hintergrundinformationen
- Vereinbarung der Dolmetsch-Methoden

Das Dolmetsch-Gespräch
- Begrüßung, Vorstellung der GesprächspartnerInnen und ihrer Rollen
- Festlegung der Regeln und der Dolmetschtechnik
- Förderung des direkten Kontakts zwischen Professionellen und KlientInnen
- Augenkontakt zwischen DolmetscherIn und KlientInnen vermeiden
- DolmetscherIn möglichst direkt neben den/die KlientIn positionieren
- Benutzen der direkten Rede (ich, du, Sie)
- Langsam, deutlich und natürlich in kurzen Sätzen sprechen

- Vermeiden von Slang, Dialekt oder Ironie
- Bei längeren Gesprächen das Besprochene gelegentlich zusammenfassen
- Die Gesprächsführung liegt bei dem/der Professionellen
- DolmetscherIn ist lediglich Sprachrohr und muss genau übersetzen

Das Nachgespräch zwischen Professionellen und DolmetscherIn
- Bei Bedarf Klärung von kulturellen Hintergründen
- Entlastung von belastenden Emotionen, Psychohygiene
- Klärung von Formalien

(Quelle: Hegemann u. Budimlic, 2016, S. 20; basierend auf Salman, 2007, 2010)

Interkulturelle Kompetenzen: Professionelle Fachkräfte, die mit geflüchteten Kindern und Jugendlichen befasst sind, müssen sich interkulturelle Kompetenzen aneignen, d. h., sich über Bräuche, Gewohnheiten und Sitten der Herkunftskultur informieren und somit Brücken zur Exilkultur schlagen. Umgekehrt sollten sich Teams und MitarbeiterInnen aber auch damit auseinandersetzen und darüber verständigen, wie sie Kindern und Jugendlichen im Exil deutsche Gewohnheiten und Themen nahebringen können. Voraussetzung für gelingende Gespräche ist die sprachliche Verständigung.

»Die Fähigkeit, mit Menschen eines fremden kulturellen Hintergrundes kommunizieren zu können, erfordert:
- sich über den kulturellen Hintergrund anderer kundig machen zu können,
- sich über den kulturellen Hintergrund des eigenen Handelns klarer zu werden und diesen erklärend darstellen zu können,
- sich der Relativität von Werten im Klaren zu sein,
- keinen Stereotypen zu erliegen,
- sich verbal und nonverbal für beide Kulturen akzeptabel auszudrücken,
- mit Menschen unterschiedlicher Kulturen gemeinsame Realitäten und Lösungen finden zu können« (Hegemann u. Budimlic, 2016, S. 15).

Internet-Tipp: Reiseführer für Rucksackreisende
Wichtige kulturelle Hintergrundinformationen können Reiseführer für Rucksackreisende bieten. In Ratgebern für Individualreisende sind in der Regel wichtige alltagsnahe Informationen zusammengefasst, die für ein erstes Verständnis der fremden Kultur hilfreich sind (z. B. www.lonelyplanet.de).

Informationen und Materialien zum Thema »typisch deutsch« bietet z. B. das Angebot des Goethe-Instituts »Meet the Germans« unter www.goethe.de/ins/gb/lp/prj/mtg/deindex.htm.

Leichte Sprache, Gebärden und Symbole: Bereits seit Jahrzehnten gibt es Tools und Materialien aus dem pädagogischen Feld der Behindertenhilfe, die sich zum Teil auch hervorragend für die Arbeit mit geflüchteten Kindern und Jugendlichen und ihren Familien eignen, wenn Sprachkenntnisse fehlen oder nicht ausreichend sind. Manches lässt sich nicht 1:1 übertragen, kann aber durchaus Anregungen für Adaptionen auf das eigene Arbeitsfeld bieten. Ursprünglich dafür gedacht, Menschen mit Lernschwierigkeiten mehr Teilhabe am öffentlichen Leben zu ermöglichen, ist das Konzept der »Leichten Sprache«, die allerdings auch für Sprachlernende sehr hilfreich ist. Durch die Nutzung einfacher Sätze in Verbindung mit passenden Bildern oder Grafiken, unter Verzicht auf lange Nebensätze und Fremdwörter, lassen sich Gruppenregeln, Handlungsabläufe oder Vereinbarungen verständlicher vermitteln und Missverständnisse besser vermeiden. Ebenso von Bedeutung ist es, dass sich Betreuungskräfte in der verbalen Kommunikation Kenntnisse der Leichten Sprache aneignen, um in zwischenmenschlichen Kontakten durch Unverständlichkeit nicht ständig Überforderungssituationen hervorzurufen.

Internet-Tipp: Leichte Sprache
Infos, Tipps & Materialien zur Leichten Sprache
- www.leichte-sprache.de
- www.leichtesprache.org

Deutschsprachige Nachrichten in einfacher Sprache vom Deutschlandfunk
- www.nachrichtenleicht.de

Nachrichten, Wissenswertes und Unterhaltung auf Englisch, Arabisch und Persisch
- www1.wdr.de/nachrichten/wdrforyou

Grundsätzlich gilt in der Kommunikation mit traumatisierten Mädchen und Jungen mit und ohne Fluchterfahrungen, dass Informationen möglichst auf verschiedenen Sinneskanälen vermittelt werden sollten, um den Verständnisprozess abzusichern. Dazu gehören Wandpläne für Tagesabläufe, Stundenpläne und Zuständigkeiten der PädagogInnen, aber z. B. auch individuelle Handlungs- und Förderpläne der Kinder. Zusätzlich lassen sich in der zwischenmenschlichen Kommunikation vielfach gebärdenunterstützte Methoden aus der behindertenpädagogischen Praxis nutzen, um Verstehen zu erleichtern.

Internet-Tipp: Gebärdenunterstützte Methoden

Symbole/Piktogramme
- www.metacom-symbole.de (kostenpflichtig, aber klar und ausdrucksstark)
- www.alf-hannover.de/materialien/fluechtlingskinder (kostenlose Piktogramme aus vielen Alltagsgebieten, außerdem viele weitere Materialien)
- www.paritaet-hamburg.de/fachinformationen/details/artikel/icon-blatt-first-communication-helper-for-refugees.html (»First communication helper for refugees« zum kostenlosen Download)
- www.icoonforrefugees.com (ICOON for Refugees – ein Bilderwörterbuch für Flüchtlinge und ihre Helfer, inkl. kostenlosen Downloads)

Gebärdenunterstützte Kommunikation (GUK)
- www.ds-infocenter.de/html/guk.html

Makaton (Gebärden und Symbole)
- www.makaton-deutschland.de

Aber: Gebärden sind kulturell gebunden, die unterschiedliche, manchmal gegensätzliche Bedeutung haben können. Daher ist zu beachten, in welchem kulturellen Kontext bestimmte Gebärden hilfreich zum Verständnis sind oder auch nicht. So ist die gebräuchliche Gebärde des »Daumen hoch!« in Deutschland ein Zeichen für »Klasse! Alles ok!«, in Afghanistan, Irak und Iran kann sie jedoch einer Beleidigung gleichkommen (vgl. Anonym, 2016).

Internet und Apps als Integrationshilfen: Im Laufe des Sommers 2016 ist das Angebot auch an technischen Hilfen und Apps für Menschen mit Fluchterfahrungen stetig gewachsen und mittlerweile fast unüberschaubar geworden. Das Angebot regionaler Hilfen hat dazu geführt, dass erfolgreiche Hilfsangebote auch für örtliche Bedingungen zunehmend in den Alltag gebracht werden konnten. Für professionelle HelferInnen ist es wichtig zu verstehen, dass heute das Handy oder Smartphone, das fast allen Minderjährigen mit Fluchterfahrungen zur Verfügung steht, die zentrale Brücke zwischen Herkunftsland und Exil darstellt. Und nicht zuletzt ist es für viele Minderjährige im Kontext von Flucht und Vertreibung die einzige biografische Möglichkeit zur Dokumentation ihrer Geschichte.

Zum Beispiel: Ayla

Ayla (16 Jahre alt) kam vor 8 Monaten mit Verwandten nach Deutschland, musste allerdings aufgrund von innerfamiliären Gewalterfahrungen vom zuständigen

Jugendamt in Obhut genommen werden. In der stationären Einrichtung wurden Nutzung und Umgang mit ihrem Smartphone, wie auch bei den anderen Betreuten, sehr restriktiv gehandhabt. Auf dem Smartphone von Ayla waren viele private Fotos aus der Heimat, aber auch Bild- und Filmdokumente von der Flucht. So kam es zunehmend zu Konflikten, da sie sich gegen das Abgeben des Smartphones immer heftiger wehrte. Dies übertrug sich auch auf andere Alltagssituationen. Am Ende galt Ayla in der Einrichtung als nicht mehr tragbar und wurde in eine andere Jugendhilfeeinrichtung vermittelt, die in der Lage war, anders mit ihrem aggressiv-widerständigen Verhalten umzugehen. Ein wesentlicher Aspekt der Lösung in der neuen Wohngruppe war der entspannte Umgang mit den Smartphones der betreuten Jugendlichen.

Eine eingeschränkte Nutzung ihrer Smartphones für geflüchtete Kinder und Jugendliche kommt somit fast einer sozialen Amputation gleich, ein Kappen ihrer Geschichte und eine Einschränkung ihrer zukünftigen Orientierungsmöglichkeiten und Perspektiven. Betreuende Einrichtungen sollten sich daher dazu verständigen, wie ein einvernehmlicher Umgang aussehen könnte, der einen freien Internetzugang gewährt, z. B. über ein freies WLAN in der Einrichtung.

Internet-Tipp: Einstieg in die Arbeit mit Geflüchteten
Einen hilfreichen Einstieg zu Internet- und App-Angeboten bietet
- www.proasyl.de/hintergrund/uebersicht-informationsangebote-fuer-fluechtlinge-im-internet

Narrative Praxis – Erzählen als kreativer Ausdruck
Sobald ein traumatisiertes Kind ›angedockt‹ hat und sich auch zunehmend sprachlich mitteilen kann, wird es anfangen zu erzählen. In diesen Erzählungen werden immer wieder die grauenvollen Erfahrungen zum Ausdruck kommen und Thema sein. Darauf – und auf das, was sie bereit sind sich anzuhören und auszuhalten, müssen sich die verantwortlichen Fachkräfte vorbereiten. PädagogInnen sollten darauf achten, in welchem »Territorium der Identität« (White, 2005/2009, S. 8) sich das Kind beim Erzählen befindet, denn »wenn sich die Identität des Kindes über das Trauma beschreibt, ist vorauszusehen, dass eine zu einfache Ermutigung, seine Traumaerfahrungen auszudrücken, es erneut traumatisiert und dies erneut zu einem Gefühl von Verwundbarkeit führt« (White 2009, S. 8 f.). Ein anderes Territorium der Identität wird allerdings betreten, wenn das Kind im Erzählen von der Problemgeschichte auf eine dahinter liegende Handlungsgeschichte hin orientiert wird, d. h., nicht zu

fragen »Wie hast du dich da gefühlt?«, sondern »Was hast du gemacht, als du so große Angst hattest?«. Diese Orientierung auf die Eigenaktivität des Kindes verändert sein Bild von sich selber und lässt bis dahin verborgene Geschichten ans Licht kommen, das Kind muss sich nicht mehr alleine als »Angsthase« verstehen, sondern erlebt sich als »guter Verstecker«, als »Überlebensleistender« oder ähnliches. Dieser Kernaspekt der »Narrativen Praxis« (White u. Epston, 1990/2013) kann so zentrale Veränderungen des kindlichen oder jugendlichen Selbstbildes durch ein anderes Erzählen erreichen. Wird dies zudem gekoppelt mit der Externalisierung von negativen überflutenden Emotionen oder schwierigen Verhaltensweisen, einer weiteren Methode der Narrativen Praxis, lässt sich ein wirksames Bollwerk gegen eine möglicherweise erneute Traumatisierung durch das Erzählen errichten (White u. Epston, 1990/2013). »Externalisierung« meint, eine Trennung von kindlicher Persönlichkeit und negativer Emotion bzw. problematischem Verhalten herzustellen. Durch die Nutzung der zwei Leitfragen »Welchen Einfluss hat die Emotion, das Verhalten auf dich persönlich und auf deine Beziehung zu anderen?« und »Welchen Einfluss hast du persönlich auf die Emotion, das Verhalten, und was bedeutet das für deine Beziehung zu anderen?« kann das Mädchen oder der Junge Distanz zur überflutenden Emotion oder dem störenden Verhalten herstellen. Wird die Emotion oder das Verhalten dann personifiziert, kann das Kind sich zusammen mit seiner Bezugsperson als UnterstützerIn gegen die Emotion oder das Verhalten verbünden und kommt auf der Suche nach Strategien gegen das »Angst- oder Wutmonster« wieder in eine aktive Position, um die eigene alte Ohnmachtserfahrung zu überwinden.

Eine wichtige Rolle neben dem gesprochenen Wort können geschriebene Worte einnehmen, denn geschriebene »Worte können Angst lindern« (Wüstenhagen, 2016, o. S.) und somit hilfreich in der korrigierenden Auseinandersetzung mit den Gewalterfahrungen durch Flucht und Vertreibung sein (Pennebaker, 2009). »Writing is helping me to put down memories, different perspectives, to try to find the line [...]. Talking doesn't do this« (Baraitser, 2014, S. 28). Kinder und Jugendliche mit Fluchterfahrungen, die Anleitung in Tagebuchprojekten bekommen, können so innere Bilder, Erinnerungen und Emotionen schreibend »veräußern« und somit wirkungsvolle Entlastungen erfahren. Zudem ist der individuelle Schreibprozess häufig eine wichtige Brücke von der Mutter- in die Exilsprache, die das Mädchen oder der Junge ganz für sich ohne Leistungsdruck erproben kann.

 Internet-Tipp: Anregungen für Tagebuchprojekte
- www.zeitzuleben.de/7-inspirationen-tagebuchschreiben/

Andere Formen des Selbstausdruckes neben dem Schreiben eines Tagebuches können das Texten für Musikstücke, Theaterspielen, Videotagebücher oder Ähnliches sein. Aber auch, sich vorhandene altersgemäße Kinder- und Jugendliteratur oder Märchen zu erschließen, hat stabilisierende Wirkung für die Mädchen und Jungen (vgl. Kollak et al., 2016). Dem kreativen Raum für PädagogInnen sind dabei keine Grenzen gesetzt, er muss nur betreten und erforscht werden.

Traumapädagogische Aufträge

Der psychosoziale Auftrag der Traumapädagogik liegt nicht in einer Behandlung traumatisierter Menschen in pädagogischen Maßnahmen und Einrichtungen, sondern in der Begleitung auf dem Weg in die Eigenaktivierung der Betroffenen, oder anders formuliert: »Ich hörte den Wunsch eines Flüchtlings, der um Verstehen bat, nicht um Hilfe. Hilfe würde ihn klein machen« (Reddemann, 2008, S. 40). Nur durch Verstehensprozesse, was traumatisierte Minderjährige mit Fluchterfahrungen bewegt, belastet und manchmal zu äußerst unverständlichen Reaktionen und Verhaltensweisen treibt, können PädagogInnen kompetent und handlungssicher darauf eingehen und zusammen mit den Kindern und Jugendlichen Auswege auch aus krisenhaften Situationen entwickeln. Das Verstehen wird jedoch durch traumabedingte Faktoren erheblich beeinträchtigt, dazu gehören:
- eine gestörte Wahrnehmung von Körper, Emotionen, Zeit und Raum,
- Amnesien und Dissoziationen,
- Reinszenierungen durch selbst- und fremddestruktives Handeln,
- wechselnde Entwicklungsniveaus und Selbstzustände,
- Störungen der Aufmerksamkeit, Konzentration und Lernfähigkeit (vgl. Weiß, 2009).

So haben sich in den letzten zwei Jahrzehnten traumafokussierte Konzepte in der Pädagogik entwickelt, die eine alltagsorientierte Traumabearbeitung durch die Herstellung Sicherer Orte, sozialer Anerkennung und Wiederherstellung gesellschaftlicher Teilhabe ermöglichen (Schulze u. Kühn, 2012, S. 169). Daraus ergeben sich für ein traumapädagogisches Vorgehen vier zentrale Aufträge, welche die Vielschichtigkeit in der psychosozialen Versorgung traumatisierter Kinder und Jugendlicher durch die Pädagogik verdeutlichen: Stabilisierung, Dialog, Teilhabe und Perspektiventwicklung (vgl. Abb. 16).

Abbildung 16: Die traumapädagogischen Aufträge (vgl. Kühn, 2015, S. 42–44)

Stabilisierung

Den neurologischen Erkenntnissen folgend, ist der Stabilisierungsauftrag zentral, denn eine Möglichkeit zur Erlangung selbstregulatorischer Kompetenzen ist nur unter Bedingungen möglich, in denen das kindliche Gehirn ohne Einfluss der Notfallreaktionen auf den verschiedenen hierarchischen Ebenen wieder integriert funktionieren kann (vgl. das dreigliedrige Gehirn: Abb. 6). Der chronisch erhöhte Stresspegel muss gesenkt werden, um neue, korrigierende Erfahrungen machen zu können und wieder handlungsfähig zu werden, denn für »eine gesunde Entwicklung brauchen wir Sicherheit spendende andere, die uns nicht zusätzlich stressen, wenn wir bereits unter Stress stehen« (Reddemann, 2008, S. 134). Die Fähigkeit des Kindes zur Stressregulation und Impulskontrolle entwickelt sich erst in Abhängigkeit zur Erfahrung, beruhigt worden zu sein. Dazu braucht es eine grundlegende Bereitschaft der HelferInnen zur Beruhigung unabhängig von Anlass, Hintergrund oder Art und Weise der Stressäußerung beim Kind. Grundsätzlich lässt es sich also für die pädagogische Arbeit auf folgende Formel bringen: Alles, was Stress auslöst, muss reduziert, alles, was Stress vermindert, muss vermehrt werden. Was dies im Konkreten sein kann, kann nur mit dem Kind oder dem/der Jugendlichen gemeinsam erarbeitet werden, da es hoch individuell ist, was wirkt. In der Arbeit mit geflüchteten Minderjährigen stellt aber gerade das

Thema Sicherheit/Beruhigung, das für die psychisch-physische Stabilisierung notwendig ist, für die pädagogischen Fachkräfte eine große Herausforderung dar, da sich die Kinder und Jugendlichen ohne einen geklärten Bleibestatus in einem permanenten Zustand der Verunsicherung befinden (Zito u. Martin, 2016, S. 63). So lassen sich in manchen pädagogischen Arbeitsfeldern vielleicht auch zunächst nur »sichere Inseln« statt Sichere Orte gestalten. Wichtige Erkenntnisse lassen sich dabei aus der genauen Beobachtung des Mädchens oder Jungen ziehen:

- Herausforderndes Symptomverhalten des jungen Menschen ist als *Lösungsversuch zur Stressbewältigung* zu verstehen. Ein wichtiger pädagogischer Ansatz ist es, dieses Verhalten nicht nur auf der Handlungsebene zu betrachten und schon gar nicht zu bewerten, sondern die dahinterliegende Bedeutungsebene immer mitdenken zu lernen. Symptomverhalten lässt sich nicht wegerziehen oder -therapieren, es wird sich erst nachhaltig verändern, wenn die Verhaltensalternative für das Kind oder den/die Jugendliche eine höhere Sinnhaftigkeit erhält als das bisherige Verhalten.
- Gibt es *Ausnahmen im Verhalten?* Gerade diese Ausnahmen bieten wichtige Hinweise für die Entwicklung von Alternativen, denn sie zeigen bereits vorhandene Möglichkeiten, wenn auch nur in Ansätzen an, die dann zur Entwicklung adäquater Handlungs- und Bewältigungsstrategien weiter verfolgt werden können. Wichtig für die Betreuungs- und Bezugspersonen ist es, zu verstehen, dass korrigierendes Lernen von Verhaltensalternativen immer nur im sozialen Austausch geschieht, d. h. immer auch davon abhängig ist, was dem Mädchen oder Jungen von außen angeboten wird.

Praxistipp: Stabilisierung
Physische Stabilisierung
- Übungen zur Tiefenatmung, um das vegetative Nervensystem zu beruhigen (vgl. Zito u. Martin, 2016)
- Progressive Muskelentspannung, Psychomotorik, bilaterale Stimulation
- Body2Brain® – Übungen (vgl. Croos-Müller, 2015)
- TRE® – Tension & Trauma Releasing Exercises (Berceli, 2005)
- SE® – Selbsthilfeübungen (SomaticExperience; vgl. Levine, 2011b)

Emotionale Stabilisierung
- Imaginationsübungen (vgl. http://www.refugee-trauma.help/)
- Arbeit mit Grafiken oder Fotos zu mindestens fünf Gefühlen
- PEP® – Klopfakkupressur (vgl. Bohne, 2011)
- Ein Beispiel für Kinder unter sechs Jahren: die »Huggy-Puppy Intervention« (Sadeh et al., 2008): Dem Kind wird ein Stofftier (Stoff-Beagle im Original)

angeboten, das sich in einer ähnlichen Situation befindet wie das Kind (in einer fremden Umgebung, ängstlich, verunsichert o. Ä.). Es wird gefragt, ob es sich um das Stofftier kümmern will, damit es ihm besser geht. Eine Studie aus Israel hat nachweislich gezeigt, dass ein Großteil der involvierten Kinder sich so über die »Heilung des Stofftiers« selber stabilisierten (Sadeh et al., 2008).

Stabilisierung in akuten Krisensituationen
- Grundsätzlich Stress reduzieren, d. h. auch weitere Stressoren in dieser Situation unbedingt vermeiden.
- Berührungen nur bei vertrauensvoller Beziehung und bestenfalls vorheriger Absprache, sollte bei Selbst- und Fremdgefährdung Körperkontakt oder Festhalten notwendig sein, nur mit verbaler Ankündigung und Kommentierung des eigenen Handelns (z. B.: »Ich halte dich fest, weil es dir nicht gut geht und ich nicht möchte, dass dir etwas passiert ... Ich lasse dich sofort wieder los, wenn ich merke, dass es dir wieder besser geht«).
- In und direkt nach Krisensituationen müssen Bezugspersonen unmittelbare Präsenz zeigen. Auf keinen Fall darf das Kind zur Strafe isoliert werden, denn es braucht kein »Time-out«, sondern »Time-intensive« (vgl. Brisch, 2016a, S. 218). Niemals sollten Fluchtwege versperrt werden, dies würde alte Ohnmachtserfahrungen möglicherweise wieder reaktivieren.
- Bei dissoziativen Reaktionen helfen Musterunterbrechungen durch Veränderungen der Situation, wie Ansprache und Aufforderung zu Bewegungen, Fenster öffnen, »schau mal, da ist ja ...«, etwas zum Trinken bringen, Musik anmachen.
- Unter keinen Umständen sollte es zu Bestrafungen oder Beschämungen kommen. Nach dem Motto »Schmiede das Eisen, wenn es kalt ist!« (Omer u. Schlippe, 2002, S. 59) kann später, wenn sich alles wieder beruhigt hat, zusammen mit den betroffenen Kindern oder Jugendlichen geplant werden, was zukünftig noch besser helfen könnte.
- Auf jeden Fall: Als pädagogische Fachkraft selbst ruhig bleiben, sich und dem Mädchen oder Jungen Zeit geben.

Dialog

Die verheerenden Erfahrungen von Flucht und Vertreibung führen in ihrer traumatischen Wirkung im Menschen zu einer »Destruktion des funktionalen Dialogs mit sich selbst, der Umwelt und mit dem Leben an sich« (Kühn, 2011). Im lebensumfeld- und alltagsbezogenen Verständnis der Traumapädagogik ist es für die betroffenen Mädchen und Jungen von existenzieller Bedeutung, dass dieser zerstörte Dialog wieder rekonstruiert wird. Viele Kinder und Jugendliche begegnen Dialogangeboten von PädagogInnen allerdings häufig zunächst mit einer spürbaren inneren und/oder äußeren Distanz, teilweise sogar Abwehr. Prozesse, die »Erreichbarkeit« des Kindes herzustellen und zu sichern, können manchmal wochen- oder monatelang andauern und brauchen geduldige Fachkräfte, denen es gelingt, diese Dialogangebote trotz Widerständen aufrecht zu erhalten. In den Alltagsbegegnungen ist es für die PädagogInnen besonders wichtig zu bemerken, dass es oft ein untrügliches Zeichen für Stress ist, wenn das Mädchen oder der Junge aus dem Kontakt geht. Gelingt es dann nicht, das Kind zu reorientieren und stabilisieren (s. o.), werden seine weiteren Verhaltensweisen durch seine Notfallreaktionen bestimmt. Umso wichtiger ist es für pädagogische Fachkräfte, auf ihre Worte zu achten, denn »Sprache entsteht am Ohr des Hörers!« (Rödler, 2003, S. 6). Sprache kann also Sichere Orte erschaffen, aber auch genauso schnell wieder zerstören.

Praxistipp: Psychoedukation in der Traumapädagogik
- Kindern und Jugendlichen werden psychotraumatologische Zusammenhänge, wie z. B. die Notfallreaktionen bei Stress (Kampf – Flucht – Dissoziation) und das Modell des dreigliedrigen Gehirns, altersgemäß modellhaft erklärt.
- Die Botschaft »Das ist eine völlig normale Reaktion, die du zeigst! Das geht anderen Menschen, denen Ähnliches passiert ist, ebenso!« kann beim jungen Menschen zu Entlastung und Entschuldung führen.
- Hilfreiche Anregungen zur Psychedukation sind u. a. im »Powerbook« und im »Powerbook SPECIAL« (Krüger, 2011, 2015) zu finden.

Grundsätzlich ist darauf zu achten, dass nicht nur *über* die Kinder und Jugendlichen gesprochen wird, sondern mindestens genau so viel *mit ihnen,* denn das kindliche Selbst- und Weltverständnis ist von großer Bedeutung für eine korrigierende Bearbeitung traumatischer Erfahrungen von Flucht und Vertreibung, oder anders formuliert: »Alle Tränen sind salzig, wer das begreift, kann Kinder erziehen, wer das nicht begreift, kann sie nicht erziehen« (Korczak, 1978, S. 119).

Teilhabe

Die dysfunktionale Erinnerungsverarbeitung und Entwicklung traumabezogener Symptomatik durch chronische traumatische Stresserfahrungen auf der Flucht, führt zu einer »existenziellen Erschütterung des Sicherheitsgefühls« (Schulze u. Kühn, 2012, S. 180) durch einen umgreifenden Verlust von Vertrauen in sich selbst (»Ich konnte mir nicht helfen!«) und andere Mitmenschen (»Niemand konnte mir helfen!«). So vollzieht sich ein gravierender Zusammenbruch des individuellen Sinn- und Relevanzsystems und damit einhergehend ein genereller Verlust von sozialer und gesellschaftlicher Teilhabe. Für traumatisierte Kinder und Jugendliche mit Fluchterfahrungen ein dramatischer Zustand vom Verlust des alten Lebens, das hinter ihnen liegt, und einem neuen Leben, in dem sie aber traumatisch belastet nicht richtig ankommen können. In diesem Kontext ist die Wiederherstellung von Teilhabe durch Partizipation nicht nur pädagogisches Modethema; sondern heilsam (Kühn, 2006; vgl. auch Abb. 17), denn traumatisierte Mädchen und Jungen sind als »teilhabebeeinträchtigt« zu verstehen (Fegert et al., 2008). Als Grundlage für die pädagogische Begegnung zwischen Erwachsenem und Kind stellt sie damit eine zentrale Voraussetzung für das Entstehen von Vertrauen dar. Jede Form von Nichtbeteiligung, auch wenn diese auf gut gemeinten Motiven basiert (»Das wollen wir ihm oder ihr ersparen!«), bedeutet nur einen weiteren Vertrauensbruch und damit eine mögliche Gefahr erneuter Traumatisierung.

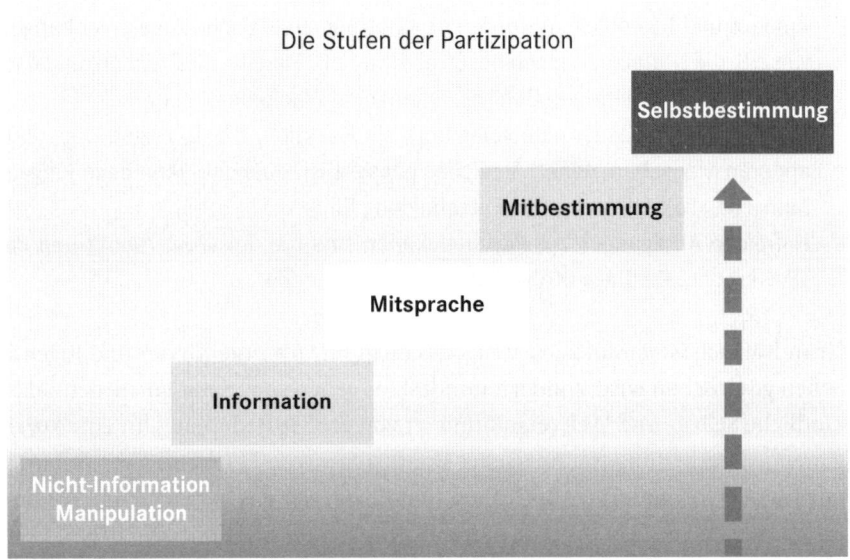

Abbildung 17: Die Stufen der Partizipation (Quelle: Kühn, 2009/2013, S. 129)

In der pädagogischen Praxis ist daher immer darauf zu achten, dass die geflüchteten Kinder und Jugendlichen jederzeit zumindest über alles, was sie betrifft, informiert sind. Die Wiederherstellung von Teilhabe bedeutet die Rückgewinnung von Kontrolle über den eigenen Alltag, das eigene Leben (Schulze u. Kühn, 2012, S. 182) und ermöglicht so die Bewältigung der grauenvollen Erfahrungen und den Aufbau neuer Zukunftsperspektiven.

Praxistipp: Teilhabe

Einfache Ja-Nein-Dialoge
- Auch ohne sprachliche Vorkenntnisse können geflüchtete Kinder und Jugendliche unterstützt durch Symbole oder Piktogramme einfache Ja-Nein-Dialoge mit ihren Betreuungspersonen führen. PädagogInnen sollten achtsam dafür sein, so viele Wahl- und Kontrollmöglichkeiten wie möglich im Alltag anzubieten.

Die »positive Peer-Kultur«
- Diese Methode stellt als Ort des sozialen Lebens eine Kultur der »gegenseitigen Hilfe« her, indem durch Anleitung zur Aufmerksamkeit füreinander in einem moderierten Gruppenangebot Hilfe- und Beratungsangebote unter Gleichaltrigen entstehen.
- Ein regelmäßiger Zeitpunkt und ein festes Programm in einem eigenen Raum stellen einen verlässlichen Rahmen für das freiwillige Gruppenangebot dar.
- Zunächst werden verbindliche Gruppen- und Kommunikationsregeln miteinander vereinbart, Erwachsene nehmen lediglich Moderationsfunktionen wahr.
- Die beteiligten Kinder oder Jugendlichen einigen sich auf die Frage- oder Problemstellung einer beteiligten Person, was dann gemeinsam besprochen wird. Alle Beteiligten bemühen sich um Lösungsansätze und übernehmen am Ende Aufgaben zur Unterstützung bis zum nächsten Treffen (vgl. Opp u. Unger, 2006).

Handbuch zur Kinderbeteiligung (Sudbrock et al., 2016)
- kostenloser Download in vier Sprachen unter http://issuu.com/ifm-sei/docs/p4p_web/1?e=22936437/33982877

Perspektiventwicklung

Begleitete und unbegleitete Minderjährige, die auf der Suche nach Schutz ins Exilland Deutschland kommen, sehen sich mit erheblichen Schwierigkeiten im Exil konfrontiert, die eine nachhaltige Zukunftsplanung erheblich beeinträchtigen können. Genauso sehen sich auch die zuständigen PädagogInnen Bedingungen durch Politik, Gesetzeskräfte und Behörden ausgesetzt, die eine pädagogische Arbeit weitgehend unterlaufen können. Der traumapädagogische Auftrag der Perspektiventwicklung ist häufig also gar nicht in wünschenswertem Umfang umsetzbar, da eine Zukunft im Exilland oft in keiner Weise gesichert ist. Umso wichtiger ist es also auch unter diesen erschwerten Bedingungen, das fachliche Engagement nicht schleifen zu lassen, sondern die Spielräume zur Zukunftsplanung so weit wie möglich auszureizen. Hilfreiche methodische Ansätze zur Zukunfts- und Perspektivplanung für Kinder und Jugendliche mit

Fluchterfahrungen können aus den inklusionspädagogischen Konzepten des personenzentrierten Denkens übernommen oder adaptiert werden, die zu großen Teilen im Internet kostenlos erhältlich sind.

Praxistipp: Perspektiventwicklung
Die »PATH«-Methode (vgl. O'Brian et al., 2010)
- Strukturierte Methode zur Perspektivplanung von Menschen, die auf ihrem Weg Unterstützung brauchen, unter gleichberechtigter Berücksichtigung von deren Träumen, Visionen und realistischen Möglichkeiten
- Aufbau eines UnterstützerInnenkreises, der aktiv an der Gestaltung und Umsetzung teilnimmt
- Kostenloses Handbuch und Materialien unter http://www.inklusion-als-menschenrecht.de/gegenwart/materialien/persoenliche-zukunftsplanung-inklusion-als-menschenrecht/zukunftsplanung-path/

Personenzentriertes Denken
- Oberbegriff für Methoden, die auf die individuellen Vorstellungen betreuter Menschen in pädagogischen Prozessen fokussieren
- Eine Vielzahl von Beschreibungen und Materialien sind unter http://trainingpack.personcentredplanning.eu/index.php/de zu finden.
- Minibuch »Personenzentriertes Denken« (Sanderson u. Goodwin, 2006/2010) http://trainingpack.personcentredplanning.eu/attachments/article/206/HSAminibookGerman.pdf

Innerfamiliäre Arbeit

Familien, die gezwungen waren, aus ihren Herkunftsländern zu flüchten, stammen häufig aus »verbundenheitsorientierten Gesellschaften« (Abdallah-Steinkopff, 2016, S. 31), in denen völlig unterschiedliche und gegensätzliche Erziehungsvorstellungen und Werte zu deutschen pädagogischen Vorstellungen vorherrschen, z. B., was Respekt, Gehorsam und religiöse Moralvorstellungen angeht (Abdallah-Steinkopff, 2016, S. 31). Spätestens, wenn Kinder oder Jugendliche aus diesen Familien im Exilland Deutschland in Bildungs- und Betreuungseinrichtungen kommen, werden diese mit den Gegensätzen unmittelbar konfrontiert. Durch die Begegnung mit einer zunächst fremden Kultur im Exilland »verändern sich fast immer familiäre Rollen und Hierarchien, was insbesondere von den Eltern meist nicht vorhergesehen wird« (Adam, 2009, S. 248). Scheitern integrative Prozesse im Exil oder kommen gar nicht erst zustande, reagieren viele Eltern mit einem Rückzug auf bekannte, traditionelle Vorstellungen von Familie und Erziehung und schotten sich oftmals nach außen hin mehr und mehr ab. Als umso bedeutsamer stellt sich damit der pädagogische Auftrag dar, wo nötig und möglich auch mit dem ganzen Familiensystem zu arbeiten. Ebenso müssen sich betreuende und beratende PädagogInnen darüber verständigen, welche kultursensible Grundhaltung sie verfolgen möchten, denn erst durch »das Bewusstsein für migrationsbedingte Erziehungsprobleme und deren Ursachen kann die Suche nach entsprechenden interkulturellen Lösungen beginnen« (Abdallah-Steinkopff, 2016, S. 32).

Arbeit mit Familiensystemen vor dem Hintergrund kultureller Unterschiede

»Eines der zentralen Kennzeichen von Zwangsmigration ist die Aufspaltung der Familien« (Zimmermann, 2012, S. 60). Familienmitglieder verbleiben in den Herkunftsländern, flüchten in unterschiedliche Exilländer, verlieren sich auf der Flucht oder werden durch Tod voneinander getrennt. Häufig ist ein bewusstes Abschiednehmen nicht möglich, was die Verarbeitung des Verlustes und das Einlassen auf Neues im Exilland erschwert (Zimmermann, 2012, S. 23). Die im Exilland angekommenen Familienmitglieder sind demnach immer auch im Kontext ihrer Gesamtfamilie zu betrachten, denn besonders »Kinder und Jugendliche sind – auch nach räumlicher Trennung von der Familie während der Fremdunterbringung – Teil ihrer Herkunftsfamilie, sie tragen ihre Familie […] in sich« (Loch, 2012a, S. 81; vgl. auch Ris, 2010; Leitner et al., 2011; Thiel u. Kühn, 2012). Dies dürfen pädagogische Fachkräfte beim Kontakt mit geflüchteten Minderjährigen nicht aus den Augen verlieren und sollten deshalb Eltern und Geschwister miteinbeziehen, denn »familiäre Interaktion findet auch dort statt, wo die wichtigsten Bezugspersonen physisch nicht erreichbar sind« (Zimmermann, 2012, S. 71). Neben positiven und haltgebenden Aspekten familiärer Systeme können sich aus Aufträgen, die geflüchtete Kinder und Jugendliche durch ihre Familien erhalten, aber auch erhebliche Schwierigkeiten und Belastungen ergeben, die ebenfalls in pädagogische Begleitungen mit einbezogen werden sollten. Das folgende Beispiel verdeutlicht die Notwendigkeit der Elternarbeit auch mit Eltern in den jeweiligen Herkunftsländern im Sinne einer Entlastung der geflüchteten Kinder und Jugendlichen.

Zum Beispiel: Jamaal
Jamaal, mit 16 Jahren ältester Sohn einer syrischen Familie, wurde von seinen Eltern auf die Flucht geschickt, um den Nachzug der gesamten Familie zu

ermöglichen. Während seiner Flucht wartete die Familie in einem Flüchtlingslager darauf, dass Jamaal die Flucht bewältigen würde und die notwendigen Vorbereitungen träfe. Etwa vier Monate nach seinem Aufbruch wurde Jamaal in Deutschland registriert und in eine Clearingstelle für unbegleitete Minderjährige aufgenommen. Er wirkte sehr belastet, besonders nach Kontakten mit seiner Familie. Die unklare Situation hier vor Ort entsprach in keiner Weise seinen Vorstellungen und noch weniger den Erwartungen seiner Familie, die angenommen hatte, dass ihr Sohn gleich nach der Ankunft in Deutschland schnell dafür sorgen würde, dass die gesamte Familie in die Sicherheit nachreisen könne. Ohne Kenntnis der rechtlichen Lage vor Ort, wurden so die ausbleibenden diesbezüglichen Erfolge als Scheitern ihres Sohnes angesehen. Jamaal reagierte auf diesen für ihn unerträglichen Druck mit zunehmend aggressivem und grenzüberschreitendem Verhalten in seiner Wohngruppe.

Der familiäre Erwartungsdruck, der auf vielen, vor allem unbegleiteten, Minderjährigen im Exilland lastet, führt häufig zu dysfunktionalen Verarbeitungsmustern, denn »existenzielle Ängste, Wut und Hassgefühle werden im familiären und intrapsychischen Diskurs auf die nonverbale Ebene zurückgedrängt. Sie [...] werden als existenzielle Gefahren empfunden« (Zimmermann, 2012, S. 223) und müssen daher beim Fehlen verbal-kommunikativer Ausdrucksmöglichkeiten zwangsläufig auf der Verhaltensebene ausagiert werden. Demnach stellt das »Ausgrenzen der Eltern [...] für Kinder, Jugendliche und die Fachkräfte die schlechtestmögliche Alternative dar« (Loch, 2012a, S. 81). Eltern, die gemeinsam mit ihren Kindern geflüchtet sind, sehen sich nach Ankunft im Exil »mit einer Vielzahl an Erziehungsaufgaben konfrontiert, die vor der Migration von Familienangehörigen und der Gesellschaft mitgetragen worden sind« (Abdallah-Steinkopff, 2016, S. 37). Sie sind somit nicht nur mit der Verarbeitung von Zwangsmigration und eventuell traumatischen Lebenserfahrungen in einer völlig neuen Kultur konfrontiert, sondern auch noch mit Aufgaben des Elternseins, die ihnen teilweise nicht vertraut sind. Dies sollte in pädagogischen Angeboten im Sinne der Überlebensleistung dieser Familien anerkannt und sensibel unterstützt werden.

Wie Arbeit am Familiensystem in der Praxis umgesetzt werden könnte, zeigen beispielsweise die Gruppen mit MigrantInnenfamilien bei »First Steps« (Meurs u. Julian, 2016), bestehend aus sechs bis acht Elternpaaren und dazugehörigen Kindern, deren wöchentliche Treffen von drei BeraterInnen begleitet werden. Solche Konzepte elterlichen Austausches sind keineswegs neu, sie gehören vielmehr zum Alltag verschiedener nicht-westlicher Kulturen, wie in der Türkei, Marokko und Algerien, und wurden in jüngerer Zeit von einer Pariser

Initiative für Stadtteilarbeit als professionelles Modell aufgenommen (Meurs u. Julian, 2016, S. 227 f.; vgl. auch Dolto, 1985/1989; Devisch u. Gailly, 1985). Die Gruppen bei »First Steps« erreichen damit eine Bindung von MigrantInnenfamilien an die Mehrheitsgesellschaft, was eine teilnehmende Mutter folgendermaßen zum Ausdruck brachte:

> »Seit ich bei Ihrem Programm mitgemacht habe, denke ich, sobald mein Kind Probleme hat: Ich weiß, da gibt es etwas für uns […]. Ich mache mich auf die Suche danach, anstatt zu denken, dass wir in dieser Gesellschaft vergessen wurden, anstatt zu warten, bis uns das Problem über den Kopf wächst« (Meurs u. Jullian, 2016, S. 243).

Geschlechtsspezifische Aspekte

Nicht zu vernachlässigen sind bei der Arbeit mit geflüchteten Kindern und Jugendlichen neben familialen auch geschlechtsspezifische Aspekte. Im heute vorherrschenden kulturellen System der Zweigeschlechtlichkeit (vgl. Hagemann-White, 1984) gibt es klare Vorstellungen von »männlichen« und »weiblichen« Eigenschaften und Verhaltensweisen. »Traumatische Ereignisse treffen unmittelbar auf dieses geschlechtsspezifisch differenzierte Konzept des Selbst und werden im Kontext dieses Systems integriert und verarbeitet« (Gahleitner et al., 2012, S. 42; vgl. auch Butollo u. Gavranidou, 1999; Cicchetti, 1999), von beiden Geschlechtern in unterschiedlicher Weise: »Bereits im frühen Jugendalter neigen Mädchen eher zu Internalisierungen und Jungen eher zu Externalisierungen, eine Tendenz, die sich während der Adoleszenz noch verstärkt« (Gahleitner, 2005a, S. 43; vgl. auch Gahleitner, 2005b). Das geschlechtsspezifische Muster des tendenziell autoaggressiven Verhaltens von Mädchen wie auch des aggressiven von Jungen wird durch die alltägliche Gegenwart der Zweigeschlechtlichkeit in unserer Kultur unterstützt, eine bewusste und gendersensible Auseinandersetzung jedoch kann die jeweilige Spirale durchbrechen (Gahleitner, 2005a, S. 44).

Fachkräften Sozialer Arbeit, die mit geflüchteten Minderjährigen arbeiten, muss außerdem bewusst sein, dass Mädchen und Jungen sehr unterschiedliche Erfahrungen mitbringen. Aufgrund ihrer Geschlechtszugehörigkeit unterscheiden sich nicht nur ihre Erlebnisse im Heimatland, sondern in der Regel auch ihre Fluchtgründe, -wege und -umstände:

> »Einige Fluchtgründe betreffen ausschließlich Mädchen und Frauen: Vergewaltigung, Genitalverstümmelung, Verfolgung lesbischer und transidentischer Menschen, Zwangssterilisation, Zwangsjungfräulichkeit, Zwangs-

verheiratung oder Zwangsver- und -entschleierung. Auch ihre jahrelangen Fluchtwege sind in starkem Maße von Todesgefahr, sexueller Bedrohung und Gewalt, Angst, Abhängigkeits- und Ausbeutungsverhältnissen durchzogen. Nicht selten werden sie Opfer von Menschenhandel, Arbeitsausbeutung und Zwangsprostitution« (BAG Mädchenpolitik, 2015, S. 1).

Kommen sie begleitet nach Deutschland, so werden sie dort oft von ihren BegleiterInnen gegenüber dem Hilfesystem abgeschirmt und sind auch in den Gemeinschaftsunterkünften Gefahren ausgesetzt:

»Häufig stehen sie in einem Schuld- und Abhängigkeitsverhältnis zu Angehörigen bzw. auch zu Fluchthelfern und seltener auch Fluchthelferinnen. Sie sind in einem männlich dominierten Umfeld zusätzlich sexuellen Übergriffen und sexueller Gewalt ausgesetzt« (BAG Mädchenpolitik, 2015, S. 2).

Angemessenen Schutz könnten sie nur dann erhalten, wenn ihnen innerhalb von Sammelunterkünften in geschlechtshomogenen Räumen Rückzugsmöglichkeiten geboten werden – eine Maßnahme, zu der die Bundesregierung der EU-Aufnahmerichtlinie (RL 2013/33/EU) zufolge verpflichtet ist, um besonders Schutzbedürftige vor (sexueller) Gefahr zu schützen (Art. 18 Nr. 3 und 4). Dass Mädchen und Frauen in Geflüchtetenunterkünften sehr häufig (sexualisierter) Gewalt durch Fremde und Personal, aber auch durch Beziehungspartner bzw. Familienmitglieder ausgesetzt sind, hatte bereits die repräsentative Dunkelfeldstudie zur Lebenssituation von Frauen in Deutschland festgestellt (Schröttle u. Müller, 2004, S. 394 ff.).

»Die Verortung geschlechtsspezifischer Gewalt gegen Flüchtlinge auf der Schnittstelle zwischen Flüchtlings- und Frauenberatung, zwischen Zivil- und Ausländerrecht führt dazu, dass das Thema in beiden Unterstützungssystemen bisher eine eher untergeordnete Rolle spielt. Dazu kommt, dass die tatsächliche und rechtliche Situation der Betroffenen vom Ausländerrecht dominiert wird, das nicht auf Gewaltschutz ausgerichtet ist« (Rabe, 2015, S. 3).

Für Jungen wiederum ist es vor dem Hintergrund dominanter Geschlechterrollenstereotype besonders schwer, den eigenen Opferstatus – während traumatischer Ereignisse im Heimatland oder während der Flucht – anzuerkennen (vgl. hierzu den Exkurs zu KindersoldatInnen in diesem Buch, S. 16; vgl. auch Zito, 2015). Auch sie benötigen daher gendersensible Angebote seitens des Hilfesystems.

Unterstützung im Trauerprozess

Nach einer erzwungenen Migration ist die Trauer um verlorene Menschen, Heimat, Kultur und Lebensraum ein existenzielles Lebensthema, dem in der Praxis oft zu wenig Beachtung gegeben wird. »Von den Neuankömmlingen werden Versuche erwartet, sich möglichst schnell an die Umgebung anzupassen. Stattdessen dominieren innerpsychisch jedoch existenzielle Fragen nach dem Sinn und der Bedeutung des Lebens nach den Extremerfahrungen« (Zimmermann, 2012, S. 65).

Im Gegensatz zur geplanten Migration besteht im Kontext von Flucht und Vertreibung keine oder nur eine geringe Möglichkeit, aktiv Abschied zu nehmen und damit die Erinnerungen als »gute, konstante Objekte zu bewahren« (Zimmermann, 2012, S. 23). Dominierend in der Erinnerung sind vielfach eher bedrohliche und schmerzvolle Ereignisse und das »Gefühl des Ausgestoßenseins aus der Herkunftsgemeinschaft« (Zimmermann, 2012, S. 23), was den Trauerprozess durch den Mangel an positiven inneren Repräsentanzen noch erschwert. »Im Kontext dieser hoch ambivalenten Beziehung zur Herkunftskultur rufen Trauerprozesse vielfach eher strafende und depressive Schuldgefühle hervor« (Zimmermann, 2012, S. 23; vgl. auch Grinberg u. Grinberg, 1984/1990).

Der Prozess der Trauer ist vielschichtig und hochindividuell und wird häufig eindimensional mit dem Gefühl von Traurigkeit gleichgesetzt.

> »Trauer dagegen ist ein Zustand, nicht nur ein Gefühl. Man ›ist in Trauer‹. ›Traurigsein‹ ist dabei nur eins unter vielen Gefühlen, die ein Trauernder durchlebt. Viele Trauernde sind eine Zeit lang gar nicht ›traurig‹, sondern nur wütend oder verzweifelt, ja manchmal in der Trauer auch glücklich. Trauer ist ein Zustand, der für eine viel längere Zeit anhält, viel tiefer geht und auch ein Leben lang bestehen kann, ohne dass der Trauernde permanent traurig ist« (Shah u. Weber, 2013, S. 21).

Dieser Prozess ist nicht notwendigerweise verbunden mit einer Traumatisierung, dies kann aber geschehen, wenn Trauer mit dem Gefühl starker Ohnmacht, Sinnverlust und möglicherweise Schuld verbunden ist.

Schuchardt (2013) verweist in ihrem Modell der »Krisenbewältigung als gesellschaftliche Interaktion« auf unterschiedliche Phasen, mit denen sich Krisenverläufe darstellen können. Nach den schockzugehörigen Phasen erlebt ein Mensch Zeiten von Wut und Aggression, Verhandlung (oft in Zusammenhang mit hohem Aktivismus sowie Depression), bevor sich unterschiedliche Phasen der Annahme anschließen. In der Begleitung trauernder Menschen werden diese Phasen oft von außen als »nicht gut und richtig für die Person« wahrgenommen, und es wird auf eine möglichst schnelle Beendigung und Neuorientierung hingearbeitet, anstatt diesen Prozessen Raum zu geben und sie sensibel zu begleiten. Jedoch verlaufen »bei Kindern und Jugendlichen [...] Trauerprozesse nicht so kontinuierlich wie bei Erwachsenen. Sie trauern gleichsam auf Raten« (Ennulat, 2002/2010, o. S.) und benötigen deshalb eine für diese Prozesse achtsame Unterstützung und Begleitung im Sinne von »altersangemessene[n] und kulturell-sensible[n] Formen der Trauer« (Zimmermann, 2012, S. 74; Erg. v. Verf.). Dies gilt umso mehr, wenn Eltern aufgrund von eigenen Belastungen durch Trauer und Verlust weniger in der Lage sind, ihren Kindern Halt und Sicherheit zu geben.

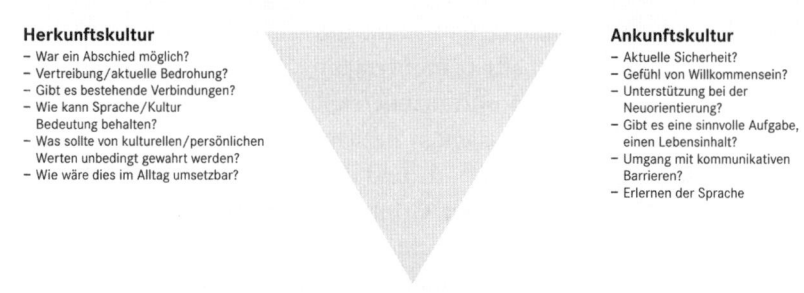

Abbildung 18: Aspekte von Trauerarbeit im Prozess der Integration (© Bialek, 2016)

Zimmermann (2012) beschreibt den Prozess gelingender Trauerarbeit im Migrationsprozess als Triangulation zwischen kulturell-sprachlichen Bezugssystemen des Herkunftssystems und des Systems im Exilland, »bei der eine Beziehung zum einen Bezugspunkt nicht als Gefährdung jener zum anderen erlebt« (S. 23) werden darf (vgl. auch Cohen, 2005). Dies bedeutet für die Praxis, dass der Anspruch, sich auf etwas Neues einzulassen, nur in dem Maße umgesetzt werden kann, wie er die Zugehörigkeit zum Herkunftssystem nicht gefährdet und keine Konkurrenz dazu aufbaut (vgl. Abb. 18).

In seinem Ansatz narrativer Trauerarbeit arbeitet White (1988/2005) nicht mit dem Abschiednehmen von Verlorenem, sondern mit der »Wiederaneignung dieser bedeutsamen Beziehungen« (S. 9) in das aktuelle Leben und unterstützt damit die Integration des Verlorenen mit dem Aktuellen. So wird, übertragen auf den Kontext von Zwangsmigration, der von Zimmermann (2012) beschriebene Konflikt zwischen Herkunftskultur und Exilkultur aufgelöst, weil es darum geht, im Neuerzählen des Erlebten eine konstruktive Verbindung zwischen bei-

den zu finden. Mögliche Fragen im Sinne von White (1988/2005, S. 9; bearb. v. Verf.) in diesem Kontext könnten sein:
- Was haben im Heimatland gebliebene oder verlorene Menschen in dir gesehen und an dir geschätzt?
- Woher wussten sie, dass du diese Fähigkeiten hast?
- Was kannst du jetzt, wenn du daran denkst, an dir sehen, woran du vielleicht lange nicht mehr gedacht hast?
- Welchen Unterschied würde es in deinem jetzigen Leben machen, wenn du dieses Wissen im Alltag zur Verfügung hättest?
- Was könntest du machen, um anderen dieses neue Wissen sichtbar zu machen?
- Auf welche Weise könnte sich dieses Wissen auf dich auswirken?
- Welchen Unterschied wird das, was du jetzt weißt, für deinen nächsten Schritt machen?
- Wenn du diesen nächsten Schritt machst, was denkst du, könntest du noch über dich herausfinden, das für dich bedeutsam sein könnte?

Praxistipp: Trauerbegleitung
Schaffen Sicherer Orte
- Möglichst viel Sicherheit und Stabilität schaffen
- Konstante Bezugspersonen vorhalten
- Sicherheit gebende Rituale einsetzen
- Gegenstände, Orte, die Sicherheit geben, bewusst nutzen

Unterstützung der Handlungsfähigkeit des Kindes bzw. des/der Jugendlichen
- Das Kind bzw. den/die Jugendliche über den eigenen Trauerprozess bestimmen lassen
- Nichts über den Kopf des Kindes bzw. des/der Jugendlichen hinweg entscheiden

Offenheit und Transparenz
- Das Geschehene altersgerecht, aber nicht verharmlosend in Worte fassen, in ein gemeinsames Begreifen kommen
- Dabei sprachliche Bilder, Verstehensweisen des Kindes bzw. des/der Jugendlichen aufgreifen
- Psychoedukation: Das, was du fühlst, ist richtig!

Kultursensible Begleitung
- Informationen über kulturelles/religiöses Verständnis von Verlust und Trauer einholen (dafür bestehen bei den evangelischen Kirchen umfangreiche Datenbanken zu interkulturellen Trauerritualen, die erfragt werden können)

- Familiäre Bedeutungen und Bedarfe erfragen
- In ein Verstehen des eigenen, kulturellen Verständnisses des Kindes bzw. des/der Jugendlichen kommen und den Prozess auf der Basis dieses Verständnisses immer wieder neu anpassen

Umgang mit auftauchenden Krisen/Ängsten auch in anderen Bereichen
- Schwierige Situationen aller Art gut begleiten und sichern, da Trauerprozesse sich mit Ängsten oder Schwierigkeiten in ganz anderen Lebensbereichen ausdrücken können

Umgang mit Aggression
- Aggression ist möglicher Ausdruck von Trauer!
- Räume dafür schaffen

Alltagsgestaltung
- An Sicherheit gebende Alltagsstrukturen anknüpfen bzw. sie schaffen
- In diesem Angebot einen Raum für aktuelle Bedarfe und aufkommende Gefühle und Bedarfe schaffen

Anbieten kreativer Vorschläge
- Alternative Ausdrucksmöglichkeiten für Belastendes anbieten (z. B. Malen, Sport)
- Kreativen Selbstausdruck unterstützen

Rituale des Erhaltens und Abschiednehmens
- Einen Gegenstand als Symbol für die Trauer finden und mehrfach am Tag entscheiden, was dafür der richtige Umgang ist. Soll er dabei sein oder irgendwo warten? Wo ist ein guter Ort dafür?
- Was von dem, was verloren wurde, soll auf keinen Fall vergessen werden, wie kann es bewahrt werden, was ist ein gutes Symbol dafür?
- Tagebuch/Briefe schreiben oder malen

Offener Umgang mit Gefühlen
- Vorbildfunktion der PädagogInnen im Umgang mit eigenen Gefühlen
- Sich eigener Gefühle bewusst werden und dem Gegenüber Deutungsangebote von möglichen Gefühlen machen (z. B.: »Ich habe das Gefühl, dass du gerade wütend bist«)
- Externalisieren von Gefühlen (White u. Epston, 1990/2013)

3 Traumapädagogische Praxis mit Kindern nach Flucht und Vertreibung

Kindertagesstätten

Altersspezifische Aspekte

Je früher ein Mensch traumatischen Lebenserfahrungen ausgesetzt ist, desto stärker werden diese zu Bedingungen, die die Gesamtentwicklung des Menschen maßgeblich verändern. Wenn »traumatische Belastungen oft über längere Zeit während einer Phase geschehen, in der grundlegende Entwicklungsschritte bewältigt werden müssen, die für die Gestaltung des weiteren Lebens prägend sind« (Garbe, 2015, S. 22), können diese nicht oder nur teilweise geleistet werden.

Prozesse solcher Art können schon vorgeburtlich beginnen. Mütter in hochbelasteten Lebenssituationen können über vielschichtige Faktoren eigene erlebte Belastungen an ihre ungeborenen Kinder weitergeben. »Die eigene pränatale Zeit als Beginn der kindlichen Entwicklung bildet das Fundament für das sich darauf aufbauende Gebäude. In dieser Zeit gemachte Erfahrungen sind in einer besonderen, impliziten Form gespeichert« (Unfried, 2013, S. 30). In einem als bedrohlich erlebten Lebensumfeld gibt der mütterliche Organismus über epigenetische Prozesse ein auf diese Bedingungen abgestimmtes Stresssystem an das ungeborene Kind weiter, mit nachweisbaren Veränderungen der Stressachsen (Unfried, 2013, S. 51). Eigene beängstigende Erfahrungen mit Bezugspersonen und das Erleben elterlicher Traumatisierungen gelten als die größten Risikofaktoren dafür, dass Bindungsbeziehungen nicht in dem Maß als Sicherheit und Schutz gebend erlebt werden können (Brisch, 2009, S. 38), wie es die grundlegenden Bedürfnisse eines Menschen fordern. »Angst, Schmerz und Einsamkeit werden so schnell als Normalzustand wahrgenommen« (Garbe, 2013, S. 23). Nicht nur eigene traumatische Erfahrungen stellen für Kinder hohe Risiken dar, sondern auch die Belastungen der Eltern durch Krieg, Verfolgung, Gewalt oder Flucht, besonders in den ersten Lebensjahren (Lennertz, 2011, S. 93). Durch das Erleben von Bedrohung und Überwältigung ist es Eltern oft nicht mehr möglich, auf die Bedürfnisse ihrer Kinder so feinfühlig einzugehen, wie dies zum Aufbau Sicherheit gebender Beziehungen notwendig wäre. Hoch belastend in dieser Phase ist für Kinder auch die Trennung von den Eltern oder anderen Bezugspersonen, durch Tod oder Flucht einzelner Familienmitglieder.

Hinzu kommt, dass in Situationen äußerer Bedrohung Babys und Kleinkinder oft Erfahrungen, die in einer für sie sicheren Lebenswelt möglich gewesen wären, nicht oder nur eingeschränkt machen können. So kommt es während der Gefahrensituationen im Heimatland, während der Flucht und beim Zusammenleben in beengten Unterkünften in der Eltern-Kind-Dynamik immer wieder zum »Herunterregulieren von kindlichen Aktivitäten« (Burkhardt-Mußmann, 2015, S. 48). Aufgrund von Risiken bei Überfahrten, Platzmangel bei Transporten, der Gefahr des Entdecktwerdens und der Notwendigkeit, schnell vorwärts zu kommen, werden »motorische Erkundungen und lebhafte Ausdrucksformen des Kleinkindes notgedrungen eingeschränkt« (Burkhardt-Mußmann, 2015, S. 48), was Explorations- und Entwicklungsmöglichkeiten behindert und den aktiven Ausdruck von Stress und Belastung stark einschränkt.

Aus diesen nur exemplarisch gewählten kindlichen Erfahrungswelten wird deutlich, dass diese Kinder ein hohes Risiko für Belastungserleben bis hin zu traumatischen Verarbeitungsprozessen tragen. Es muss aber nicht zwangsläufig zu deren Ausbruch kommen, denn Faktoren wie familiärer Zusammenhalt oder durch Bezugspersonen erfahrene Sicherheit können auch in solch schwierigen Lebenssituationen dazu beitragen, dass eine Verarbeitung belastender oder sogar traumatischer Erfahrungen möglich wird. Es muss demnach sehr individuell betrachtet werden, ob es bei einem Kind zu Belastungs- oder traumabezogenen Verarbeitungsweisen kommt.

Folgen früher Traumatisierung äußern sich für Fachkräfte oft als »nicht verstehbares, schnell wechselndes und nicht altersgerechtes Verhalten« (Garbe, 2015, S. 21), das einer besonderen pädagogischen Begegnung bedarf und nicht selten bestehende pädagogische Angebote herausfordert oder überfordert. Die altersbezogenen Ausdrucksweisen variieren entsprechend den Entwicklungsaufgaben, mit denen ein Kind zum Zeitpunkt der traumatischen Lebenserfahrungen beschäftigt ist (Lennertz, 2011, S. 95 f.): Zu einem sehr frühen Zeitpunkt sind die Auswirkungen besonders mit Unsicherheiten in Bindungs- und Beziehungserfahrungen sowie Schwierigkeiten in der Regulation psychophysischer Prozesse verbunden; hinzukommen können in der weiteren Entwicklung auch Ausdrucksweisen wie Spiel, Verhalten und die Herausbildung eines traumakompensatorischen Schemas, in dem Erlebtes als schuldhafte Bestrafung für eigene Handlungen konstruiert wird (Lennertz, 2011, S. 96).

Auswirkungen früher traumatischer Lebenserfahrungen müssen vielschichtig betrachtet werden: bezüglich ihrer Sinnhaftigkeit zur erlebten traumatischen Erfahrung und ihrer Auswirkung auf die Gesamtentwicklung eines Menschen. Die Überlebensleistung, traumabezogene Auswirkungen zu kompensieren, beeinträchtigt dabei teilweise die Kapazitäten für Entwicklungsaufgaben, kann aber andererseits auch zu einer Beschleunigung jener Entwicklungsprozesse führen, die für das Überleben notwendig sind (Zimmermann, 2012, S. 67). »Traumatisierte Kinder zeigen damit typischerweise oft eine ungleichzeitige Entwicklung« (Lennertz, 2011, S. 113).

Entwicklung braucht Energie und ein großes Maß an Sicherheit. Das bedeutet, dass Entwicklung schon unter »normalen« Bedingungen mit großen Herausforderungen und Instabilitäten verbunden ist. Fehlt die Sicherheit durch Erleben von Angst, Unruhe, Gewalt oder Bedrohung, muss die Energie eines Menschen in erster Linie in die Wiederherstellung von Sicherheit geleitet werden, um die Voraussetzung für die nächsten Schritte zu erlangen. Entwicklung ist also unter unsicheren Bedingungen immer wieder von Zurücknahme geprägt, um Sicherheitsherstellung zu gewährleisten.

Unter diesen Gesichtspunkten ist der Blick bei traumatisierten Kindern auf das trotzdem Geleistete zu richten und weniger, wie im pädagogischen Alltag oft üblich, auf das in Bezug auf die Altersnorm noch nicht Geleistete.

> **Zum Beispiel: Arif**
> Der 4-jährige syrische Arif fällt in der Kita dadurch auf, dass er ohne von außen ersichtlichen Grund oder Auslöser andere Kinder aggressiv angeht und sogar verletzt. Er zeigt insgesamt sehr kraftvolle, aber wenig koordinierte Bewegungen. Er spricht nur wenige Worte Deutsch, und auch in seiner Muttersprache kommuniziert er in Ein- bis Zweiwortsätzen. Bei genauer Beobachtung des Kindes wird deutlich, dass er nur scheinbar mit eigenen Spielen und Handlungen beschäftigt ist, eigentlich aber mit seiner Wahrnehmung permanent den gesamten Raum erfasst und immer ganz genau weiß, wer was macht. Empfindet er eine beobachtete Handlung als bedrohlich, so greift er ein mit den Mitteln, die ihm zur Verfügung stehen, um für sich eine gefühlte, herstellbare Sicherheit zu erhalten.
>
> Aus seiner Fluchtgeschichte wissen wir von gewaltvollen Übergriffen und mehrfachen Versuchen der Ausraubung.

Arifs Verhalten wirkt auf den ersten Blick aggressiv und könnte schnell dazu führen, dass er in der Gruppe als »verhaltensauffälliges Kind« eventuell sogar mit einer Persönlichkeitszuschreibung wie »aggressiv« oder »unempathisch« angesehen wird. Auf den zweiten Blick jedoch sieht man ein Kind, das um die Herstellung von Sicherheit bemüht ist, weil es in seinem Leben bereits mehrfach existenziell erlebt hat, nicht sicher sein zu können. Der Junge hat den Überlebensmechanismus entwickelt, alles wahrzunehmen, was um ihn herum geschieht, und immer einzugreifen, wenn er es als notwendig empfindet. Dies geschieht, wenn er eine Situation als bedrohlich und außerhalb seiner Kontrolle erlebt. Die Art seines Eingreifens ist sehr effektiv, er kann damit die Situation sofort »in die Hand nehmen« und weiß dann genau, was passieren wird, wie die Fachkräfte reagieren und was sie tun werden. Negative Sanktionen sind ihm dabei weniger wichtig als die Auflösung der subjektiv empfundenen Gefahr. Die permanente Aufmerksamkeit für die äußere Sicherheit ist eine herausragende Fähigkeit für ein Kind seines Alters. In anderen Entwicklungsbereichen, wie beispielsweise der sprachlichen, motorischen und kognitiven Entwicklung entsprechen seine Fähigkeiten nicht der definierten Norm. Dies wird aber verständlich vor dem Hintergrund dessen, was er permanent und dauerhaft leistet, und sollte dem Kind nicht, wie es schnell passieren kann, als »angeborene Defizite« zugesprochen werden (Krüger, 2012, S. 49).

In diesem Sinne braucht eine pädagogische Praxis mit Kindern, die schon in ihrem frühen Lebensalter traumatische Erfahrungen machen mussten, eine hohe Sensivität der pädagogischen Fachkräfte für die Ausdrucksformen dieser Belastungen. Bei frühen schweren psychischen Verletzungen ist es als dramatisch anzusehen, »dass die sichtbaren Folgen, die professionelle Helfer zum Eingreifen bewegen, erst viel später erkennbar werden« (Krüger, 2012, S. 47).

Abbildung 19: Frühe Traumatisierung (© Bialek, 2016)

Es sollten also möglichst bereits »kleine« Anzeichen wahr- und auch ernst genommen werden, jedoch nicht im Hinblick auf eine Pathologisierung, sondern auf die folgenden Fragen hin ausgerichtet (vgl. auch Abb. 19):

- Wie kann das Verhalten in seiner Sinnhaftigkeit für das Kind verstanden und erschlossen werden?
- Was bedeutet dies für den pädagogischen Alltag?
- Wie können gemeinsam mit dem Kind Rahmenbedingungen und Strategien entwickelt werden, um das Bedürfnis aktiv zu befriedigen, das hinter dem analysierten Verhalten steht?
- Hat die traumabezogene Verarbeitung Auswirkungen auf die Entwicklung des Kindes? Was kann beobachtet werden?
- Wie können Räume geschaffen werden, in denen das Kind sichere Erfahrungen in jenen Entwicklungsbereichen machen kann, für die es aufgrund der traumatischen Verarbeitung nicht genügend Kapazität hat?

Eingewöhnung – was brauchen Familien in dieser Phase?

Strukturelle und kulturelle Herausforderungen

Unter den Menschen, die aus ihren Heimatländern flüchten müssen, ist der Anteil von Säuglingen, Kleinkindern und Kindern im Kindergartenalter im Vergleich zur bereits hier lebenden Bevölkerung überproportional hoch (SVR, 2015, S. 1 f.). Das Bundesfamilienministerium geht deshalb von einem zusätzlichen Bedarf an geschätzten 68.000 Plätzen in den Kindertagesstätten aus (Schwesig, 2015).

Direkt nach dem Verlassen der Erstaufnahmeeinrichtung hat ein Kind unabhängig vom Aufenthaltsstatus ab dem vollendeten ersten Lebensjahr Anspruch auf einen Platz in einer Kindertagesstätte.

> »Ab dem Tag, an dem die Familie die Erstaufnahmeeinrichtung verlassen hat und in der zugewiesenen Kommune untergebracht ist und im Sinne einer ausländerrechtlichen Duldung ihren gewöhnlichen Aufenthalt in Deutschland hat, gelten für die Kinder die gleichen Rechte auf Bildung, Erziehung und Betreuung wie für inländische Kinder« (LakoS, 2016, o. S.).

Auch wenn dies aufgrund mangelnder Kapazität nur für eine relativ kleine Zahl von Kindern umgesetzt werden kann, bedeutet es für eine Familie möglicherweise die Chance, aber auch den Druck, ihr Kind relativ bald nach der Ankunft in einem fremden Land, einer unbekannten Kultur und ohne Kenntnis der Sprache in eine völlig fremde Betreuung abgeben zu müssen. In vielen, vor allem in arabisch-sprachigen Kulturen ist das Konzept einer Kindertagesstätte zudem gar nicht bekannt: Kinder bleiben dort bis zum Eintritt in die Vorschule bei ihren Familien (Matuszewski, 2016, S. 11). Viele Eltern haben demnach keine Vorstellung davon, was mit den Kindern dort geschieht und welche Werte ihnen vermittelt werden, sie erwarten von Kindertagesstätten eher schulische Inhalte. Welche Erwartungen in diesem Rahmen an sie selbst gestellt werden, ist ihnen meist ebenso unklar. In der oft monate- oder jahrelangen Flucht gehörte es zu den wichtigsten Überlebensprinzipien von Familien, einander nicht zu verlieren. Familiensysteme sind deshalb sehr darauf bedacht, eine besondere Achtsamkeit für das Zusammenbleiben zu entwickeln. Dies nehmen Kinder in sich auf und verhalten sich entsprechend – eine Tatsache, die bei der Aufnahme von Familien in eine Kindertagesstätte Berücksichtigung finden muss.

Zusätzlich ist es möglich, dass sich »einige Eltern […] Kitas gegenüber sehr skeptisch [verhalten], da sie staatlich organisiert sind. Für Eltern mit Fluchterfahrung kann das Vertrauen in den Staat eine Herausforderung sein, wenn sie z. B. vor einer Staatsdiktatur geflohen sind« (Hoffsommer, 2016, o. S.; Erg. v. Verf.). Dass ein zugewiesener Platz in einer Kita aus Angst vor Konsequenzen, die das Bleiberecht betreffen könnten, in der Regel auch dann nicht abgelehnt wird, wenn das Familiensystem darüber nicht glücklich ist, kann eine weitere Belastung bedeuten.

Dies sind nur einige Gründe, warum es für Familien eine große Herausforderung bedeuten kann, sich auf eine Kindertagesstätte einzulassen. Häufig sind diese Zweifel nicht offen ausgesprochen, werden vom Kind aber wahrgenommen. »Solche unbewusst gesendeten und aufgenommenen Signale von Migranteneltern an ihr Kind [sind] weitaus mächtiger als die bewusst vorgetragenen Zustimmungen« (Leuzinger-Bohleber, 2015, S. 11; Erg. v. Verf.).

Um die Chancen und Bereicherungen auszuschöpfen, die der Besuch einer Kindertagesstätte im Hinblick auf viele Aspekte bedeuten kann, muss in der Eingewöhnungsphase demnach der Aspekt von Sicherheit und Verständnis für die ganze Familie in das Zentrum des Konzeptes gestellt werden. Nur wenn die Familie sich sicher fühlt, kann sie dem Kind das Signal geben, dass es ohne Gefahr alleine in der Kita bleiben kann.

Herausforderung und zugleich Bereicherung ist für pädagogische Fachkräfte das Kennenlernen anderer kultureller und dabei aber immer individuell familienspezifischer Einstellungen, denn sie müssen dabei stets die eigenen Haltungen, kulturellen Normen und Erziehungsgrundsätze überprüfen.

»Kenntnis in unserem Zusammenhang bedeutet also: Wissen um Unterschiedlichkeit und deren Einbettung in kulturelle Systeme. Wissen alleine reicht aber nicht aus, um den erzieherischen Alltag kultursensitiv zu gestalten. Daher muss das Wissen in einer Haltung begründet sein, die der Unterschiedlichkeit wertschätzend gegenübersteht und ihr Raum für Gestaltung gibt« (Keller, 2013, S. 16).

Der französische Dokumentarfilm »Babys« (Balmès, 2010) zeigt deutlich, wie unterschiedlich kulturelle Ansichten im Umgang und in der Erziehung schon bei Kindern im ersten Lebensjahr sein können. So trägt beispielsweise die afrikanische Mutter ihr Kind auf dem Rücken, es hat sehr wenig Möglichkeiten, sich zu bewegen, und es wird wenig Blickkontakt aufgenommen, was im europäischen Kulturkreis als ein wesentlicher Bestandteil von Interaktion gilt. Es besteht jedoch ein intensiver sensorischer Dialog zwischen Mutter und Kind, der so weit geht, dass das Kind keine Windeln tragen muss, sondern von der Mutter abgehalten werden kann, weil sie das Bedürfnis durch die Art der Bewegung des Kindes vorher erspürt. In einem für unseren Kulturkreis üblichen Mutter-Kind-Angebot wird eine afrikanische Mutter in der Folge eventuell dadurch »auffallen«, dass sie zu ihrem Kind weniger Blickkontakt aufnimmt, und auf dieser Basis bewertet werden, wenn nicht auch die jeweiligen kulturellen und persönlichen Wege der Interaktion berücksichtigt werden, die in unseren Angeboten vielleicht zunächst unsichtbar bleiben.

Sichere Eingewöhnung – Aspekte der traumapädagogischen Triade

Die Aufnahme von Familien, die nach Flucht und Vertreibung aus ihrem Heimatland in Deutschland leben, ist oft verbunden mit vielen Fragestellungen und Unsicherheiten. Neben der Schwierigkeit, mögliche Kommunikationswege ohne Kenntnis der jeweiligen Muttersprache und Kultur der Familien zu finden, betreffen diese vor allem die Frage nach Traumatisierungen und die Angst vor dem Umgang damit.

Bei der Auseinandersetzung mit Inhalten von Psychotraumatologie und Traumapädagogik wird schnell deutlich, dass MitarbeiterInnen von Kindertagesstätten bereits umfangreiche Erfahrungen im Umgang mit traumatisierten Kindern haben, auf die sie zurückgreifen können, wenn entsprechende Reflexionsräume zur Verfügung stehen. Es trifft also keinesfalls zu, dass das Thema Trauma für pädagogische Fachkräfte zu komplex ist, wie oft behauptet (z. B. von Speidel, 2015) – vielmehr erlaubt es auch der pädagogische Alltag einer Kindertagesstätte, traumatisierte Kinder gezielt zu unterstützen. Dies ist nicht nur möglich, sondern auch notwendig und sollte nicht an TherapeutInnen abgegeben werden, weil gerade der Alltag, den pädagogische Fachkräfte im Gegensatz zu TherapeutInnen hautnah begleiten, vielfältige Möglichkeiten bietet, Sicherheit und Handlungsfähigkeit wiederzuerlangen.

Auch auf reiche Erfahrungen mit kulturellen Unterschieden kann in Kindertagesstätten zurückgegriffen werden aufgrund der dort immer schon gelebten Aufnahme und Annahme jeder Familie mit all ihren Besonderheiten, Stärken und Bedarfen, unabhängig vom kulturellen Hintergrund.

»In einer Zeit, in der bald jedes zweite Kind in den Kitas einen Migrationshintergrund hat, wird für Erzieherinnen und Erzieher das Wissen um den bedeutsamen Einfluss von Kultur, Tradition, Religion und Muttersprache auf die jeweilige Bildung und Entwicklung der Kinder und eine entsprechende interkulturelle Kompetenz für die pädagogische Praxis immer wichtiger« (Keller, 2013, S. 11).

Weder Kultur noch Sprache sind feststehende, unveränderliche Größen.

»So wenig wie es *die* deutsche Kultur gibt, gibt es die Kulturen ganzer Länder oder größerer religiöser Gruppen. Kulturen setzen sich aus den verschiedensten Elementen (Sozialisation, Regeln, Philosophie, Sprachen, Wirtschaft u. v. m.) zusammen und werden von Individuen getragen« (Wiesemann et al., 2016, o. S.).

Es gilt also im pädagogischen Feld, die Familie und das Kind kennenzulernen und dabei kulturelles Wissen als mögliche Sensibilisierung für sich zu nutzen, ohne es dabei zur Schablone werden zu lassen, die die Individualität zurücktreten lässt.

Nicht für alle Familien sind dabei die in Deutschland gängigen Eingewöhnungsmodelle stimmig. In Kulturkreisen, in denen Kinder nicht nur ihre Eltern als Bezugspersonen haben, sondern in den Großfamilien von vielen Personen versorgt werden, kann Fremdbetreuung eine weniger große Herausforderung sein als für Kinder aus einem sehr kleinen Familiensystem. Die geforderte Anwesenheit in der Eingewöhnung ist deshalb für Menschen aus bestimmten Kulturkreisen schwer zu verstehen und wird eventuell sogar als Unsicherheit der Fachkräfte interpretiert (Keller, 2013, S. 18).

Im Sinne der Pädagogik des Sicheren Ortes (Kühn, 2006; vgl. auch Kapitel 2 in diesem Buch) müssen pädagogische Prozesse immer gleichzeitig im Hinblick auf die AdressatInnen, die PädagogInnen und die Einrichtung gestaltet werden. Dies sollte besonders für die Phase der Eingewöhnung bedacht werden, da sie für alle Beteiligten potenzielle Unsicherheit birgt. Der nachfolgende Praxistipp kann dazu beitragen, sichere Eingewöhnungsphasen für alle Beteiligten zu schaffen:

Praxistipp: Eingewöhnung im Sinne der pädagogischen Triade
Was brauchen die AdressatInnen?
- Wissensvermittlung über die Institution Kindertagesstätte, ihre Aufträge, die Tagesgestaltung, Strukturen und Regeln
- Wissen über die Erwartungen, die mit der Aufnahme in eine Kindertagesstätte an die Familie gestellt werden

- Offenheit und Interesse an ihrer Person
- Das Gefühl, als Familie gesehen und angenommen zu werden
- Die Sicherheit, dass mit dem Kind nichts geschieht, das gegen die kulturellen und religiösen Regeln verstößt
- Menschen, die Sicherheit und Orientierung geben
- Transprarente Strukturen
- Zeit zum Ankommen und Dasein
- Flexibilität im Umgang mit Regeln

Was brauchen die Fachkräfte?
- Wissen über Kultur, Religion, Sprache, rechtliche Grundlagen
- Wissen über Grundlagen der Psychotraumatologie und Traumapädagogik
- Eine traumasensible und kultursensible Haltung
- Unterstützungsmöglichkeiten bei Belastungen im Alltag
- Notfallpläne für akute Krisensituationen
- Reflexionsräume im Alltag wie auch über Supervision, Fachberatung und Teambesprechungen

Was brauchen die Einrichtungen?
- Informationen zu den Wissensbereichen
- Gelebte kultursensible Haltung
- DolmetscherInnen
- Materialien, z. B. für Kommunikation und Psychoedukation
- Netzwerke zur Unterstützung bei spezifischen Fragestellungen und zum Austausch
- Krisenmanagement
- Positive Fehlerkultur

Praxistipp: Vermitteln von Wissen über eine Kindertagesstätte
- Kurze Beschreibung der Kindertagesstätte, übersetzt in unterschiedliche Sprachen
- Infobroschüre über Kindertagesstätten, in mehreren Sprachen im Netz erhältlich (z. B: http://www.stmas.bayern.de/presse/pm1508-191.php)
- Flyer: Eingewöhnung und Grundsätze der elementaren Bildung in sieben Sprachen (http://www.mbjs.brandenburg.de/sixcms/detail.php/bb1.c.358366.de)
- Kurze Filmsequenzen aus dem Alltag, z. B. zum Tagesablauf einer Kindertagesstätte, was die Kinder erleben, wie mit ihnen umgegangen wird
- Ein Buch mit Fotos zu wichtigen Inhalten des Kita-Alltags, eventuell versehen mit zusätzlichen Symbolen, Uhrzeiten

- Platzierung der Tages- und Wochenpläne auch für Eltern zugänglich
- Darstellung wichtiger Regeln mit Symbolen
- Materialien zur Verdeutlichung, was von den Familien erwartet wird (z. B. Bring- und Abholzeiten, Frühstück, Kleidung, Umgang mit Erkrankung)
- Vermittlung, wie mit dem Kind umgegangen wird: Wird es verstanden, wird es getröstet, wenn es Trost braucht?
- In Erfahrung bringen: Welche kulturellen Inhalte, Regeln, erzieherischen Inhalte werden in der Kita vermittelt, wie stehen sie vielleicht in Kontrast zu den kulturellen Werten der Familien, und wie kann darüber in Austausch gegangen werden?

Diese Aspekte sollten inhaltlich vermittelt, aber auch direkt erfahrbar gemacht werden, denn nur ein gefühltes und erlebtes Vertrauen kann Eltern dazu bewegen, ihr Kind in einer fremden Kultur einer fremden Institution mit fremden Menschen zu übergeben.

Praxistipp: Die Kindertagesstätte als Sicherer Ort
Verstehen kindlicher Verhaltensweisen
- Erschließung der Bedeutungsebene kindlichen Verhaltens mit der »Weil-Frage« (vgl. auch die Materialien im Anhang, S. 152)
- Beobachtung/Erfragung der Situationen, in denen es Kindern gut geht, aber auch jener, in denen Schwierigkeiten bestehen. Aus Ersteren kann viel darüber erfahren werden, was Kindern Sicherheit und Stabilität gibt, welche Personen, Tätigkeiten und Alltagssituationen dazu beitragen. Schwierige Situationen wiederum geben Auskunft über bestehende Unsicherheiten. Aus einer Analyse dieser beiden Aspekte kann hergeleitet werden, welche Bedingungen für Sichere Orte erforderlich sind und in welchen Situationen gezielt Unterstützung benötigt wird. So können häufig mit einigen individuell erarbeiteten Interventionen »Stressspitzen« vermieden und vermehrt Sicherheit erlebbar gemacht werden, was sich meist auch im Sinne einer gesamten Beruhigung auswirkt.

Sicherheit und Beruhigung
- Orte gestalten, in denen sich das Kind sicher und wohl fühlt und die es bei Bedarf aufsuchen kann, wie z. B. einer Höhle, einer Kuschelecke, einem Ort auf dem Flur/im Nebenraum, der etwas ruhiger ist. Dabei gegebenenfalls Spielmaterialien aus der Heimatkultur oder positiv empfundene Übergangsobjekte einbeziehen.
- Abläufe vorhersehbar machen, Rituale einführen, sprachlich immer gleich formulierte Ansagen für Situationen des Alltags nutzen
- Sprachliche Rituale auch in der Herkunftssprache oder Bräuche aus der Herkunftskultur in den Alltag einfließen lassen, z. B. Begrüßung oder Rituale beim Essen
- Wahl- und Kontrollmöglichkeiten schaffen

- Übergangssituationen gut begleiten
- Veränderungen in den Abläufen ankündigen, visualisieren und begleiten
- PatInnenschaften unter den Kindern einführen

Unterstützung in Belastungs- und Krisensituation
- Angebot möglichst immer verfügbarer Bewegungsangebote
- Bereitstellung von Möglichkeiten für kreativen Ausdruck (z. B. Materialien zum Malen, Kneten, Basteln, Sandspielen, Werken)
- Psychoedukatives Arbeiten mit der Gruppe zum Thema Stress und Notfallreaktionen
- Erstellen eines Notfallkoffers als Gruppenprojekt zur Krisenintervention
- Individuell zusammengestellte Methodensammlung für die Fachkräfte zur Reorientierung bei Dissoziation und Flashbacks für einzelne Kinder
- Individuelle Begleitung in Krisensituationen

Für Menschen, die mit einem noch unsicheren Aufenthaltsstatus in Deutschland leben, können Kindertagesstätten leider nur bedingt Sichere Orte bieten, da sie als Institution keinen Einfluss auf eine mögliche Abschiebung haben. Dies führt zu großen Belastungen auf allen Seiten, besonders, wenn es tatsächlich zu Abschiebungen kommt und damit Auswirkungen struktureller Gewalt auch für das gesamte Umfeld erlebbar und spürbar werden.

Der im Folgenden dargestellte Leitfaden wurde aus der Praxis heraus entwickelt und beinhaltet Fragen oder Aspekte, die sich in einer solchen Situation als hilfreich erwiesen haben.

Leitfaden: Umgang mit unerwarteten Abschiebungen
Information
- Woher bekommt die Einrichtung die Information?
- Welche Informationen müssen noch eingeholt werden?
- Wo können diese Informationen durch wen eingeholt werden?
- Wer wird in welcher Reihenfolge informiert?

Stabilisierung der Fachkräfte
- Gibt es KollegInnen, die von der Nachricht überwältigt sind? Können Pausen für diese KollegInnen eingerichtet werden?
- Wie geht es den einzelnen KollegInnen?
- Fühlen sich KollegInnen schuldig? (Dies kann ein diffuses und objektiv nicht erklärbares Gefühl sein, z. B., weil es am Vortag Konflikte mit dem Kind gab.) Dies gegenseitig aktiv erfragen und sich gegenseitig entlasten!

Aufgaben der Leitung
- Achtsamkeit für die eigene Befindlichkeit, nicht nur »funktionieren«, Zeit nehmen für die nächsten Schritte, eventuell mit KollegInnen oder Vorgesetzten Rücksprache halten.
- Wer muss informiert werden?
- Was muss dokumentiert werden?
- Wer braucht welche Unterstützung?
- Planung der nächsten Schritte
- Wie wird die Elternschaft informiert? Unklare Informationen erzeugen Spekulationen und Angst!

Aufgaben der KollegInnen aus der Gruppe des Kindes
- Achtsamkeit für die eigene Befindlichkeit
- Was muss dokumentiert werden?
- Wie und wann werden die anderen Kinder altersgerecht informiert? Das Gefühl, »da ist etwas passiert, aber ich weiß nicht, was« fördert Ängste und Unsicherheit! Anknüpfen an in der Gruppe vorhandene Rituale, z. B. Morgenkreis, Namen der Kinder an die Tafel anheften, Lied für ein Kind singen, das nicht da ist.
- Kindgerechte Information der Kinder – wer traut sich das zu? Wer geht in die »zweite Reihe?«
- Sensible Alltagsgestaltung mit besonderer Aufmerksamkeit für Belastungsanzeichen bei den Kindern

Aufgaben der KollegInnen der anderen Gruppen
- Achtsamkeit für die eigene Befindlichkeit
- Erhöhte Achtsamkeit für die KollegInnen der betroffenen Gruppe, gegebenenfalls Unterstützung
- Nach Absprache altersgerechte Information der Kinder aus anderen Gruppen
- Bildung eines Unterstützungsrings für die betroffene Gruppe, d. h., zum Einspringen und Unterstützen bereit zu sein

Umgang mit den Themen Schuld, Zweifel, offengebliebenen Dingen
- Diese Themen beschäftigen in einer solchen Situation fast jeden Beteiligten. Man macht sich Vorwürfe, dass man etwas (nicht) getan hat. Sich gegenseitig offen darauf ansprechen und entlasten!

Schaffen eines Raums für Trauer
- Vgl. hierzu auch Praxistipps im Kapitel »Unterstützung von Trauerprozessen«

Abschiedsritual gestalten
- Welche Rituale gibt es für Kinder, die die Einrichtung verlassen? (z. B.: Foto des Kindes wird zu Ehemaligen gehängt, Sachen werden eingepackt, Morgenkreis wird mit Lieblingsspielen des Kindes gestaltet)
- Anstelle der Dinge, die das Kind normalerweise aus der Kindertagesstätte mitnimmt, kann z. B. von allen Kindern etwas auf ein Blatt gemalt und dies mit einem Gasluftballon in die Welt geschickt werden.
- Wie können diese Rituale für die jetzige Situation angepasst werden? Kinder miteinbeziehen!
- Wer übernimmt was? Aktuelle Absprachen! Für wen ist was belastend, für wen stellt eine Aufgabe weniger Belastung dar? Wer kann sich welche Aufgabe vorstellen?

Worte finden und Öffentlichkeit herstellen
- Im Nachgang das Geschehene formulieren und eine Form finden, Öffentlichkeit dafür herzustellen. Dies kann z. B. ein Brief an Verantwortliche oder ein LeserInnenbrief sein, um die Auswirkungen solcher nicht selbst verantworteter Maßnahmen nicht alleine tragen zu müssen, sie zumindest symbolisch abgeben zu können.

Internet-Tipp: Arbeit mit geflüchteten Familien in Kitas
Zahlreiche Informationen und Materialien für die Arbeit mit geflüchteten Familien in Kitas
- https://www.ktk-bundesverband.de/unserangebotunserearbeit/kinder-mit-fluchterfahrung/

Good-Practice-Datenbank des Niedersächsischen Instituts für frühkindliche Bildung und Entwicklung (nifbe)
- https://www.nifbe.de/das-institut/good-practice

Schule

Die Fachliteratur zur schulischen Arbeit mit traumatisierten Kindern und Jugendlichen ist überschaubar, daher sind wissenschaftliche Studien dazu selten zu finden. Im Rahmen einer ersten Studie an der Universität Hannover wurden schulische Fachkräfte unterschiedlichster Schultypen befragt, wie ihre »Wahrnehmung von Traumatisierungen bei SchülerInnen« sei (Ullrich u. Zimmermann, 2014). 90,2 % der befragten Fachkräfte waren der Überzeugung, mit traumatisierten Mädchen und Jungen im schulischen Alltag zu tun zu haben. Allerdings hatten 84,8 % keine Kenntnisse über diagnostische Methoden zur Erkennung von Traumatisierungen und 42,4 % keinen Kontakt und Austausch mit interdisziplinären KollegInnen (Ullrich u. Zimmermann, 2014, S. 260 f.). Diese Zahlen verdeutlichen, wie groß der Bedarf für psychotraumatologisches Wissen auch in schulischen Feldern ist. Im Folgenden sollen dazu einige hilfreiche Anregungen und Informationen dargestellt werden.

An dieser Stelle soll es allerdings nicht um Informationen und Materialien zu didaktischen Themen in der Beschulung von geflüchteten Kindern und Jugendlichen gehen, vielmehr wird das pädagogische Handlungsfeld Schule betrachtet, wie es für Mädchen und Jungen mit Fluchterfahrungen zum integrativen Lernraum im Exilland werden kann, denn

> »Lernen ist die Fähigkeit des Menschen, Informationen aus seiner Umwelt aufzunehmen, zu verarbeiten und umzusetzen, mit dem Ziel, diese Umwelt zu verstehen und in ihr zu bestehen. Es handelt sich dabei nicht nur um das Erwerben von Wissen, sondern auch um das Erlernen von Ritualen und Regeln, Sicht- und Reaktionsweisen, sowie Werten und Normen« (Adam u. Inal, 2013, S. 43 f.).

Somit ist Schule nicht nur der Ort zur Vermittlung kognitiven Wissens, sondern auch der Ort, an dem Lernen und Austausch »relationaler, dialogischer und somatischer Erfahrungen« (Jäckle, 2016, S. 154) ermöglicht wird. Dies erfordert in der Gestaltung von Schulalltag, dass interdisziplinär vernetzt gedacht und gearbeitet werden muss. Da einzelne PädagogInnen mit diesen Aufgaben überfordert wären, ist es Aufgabe der Schule, dass für alle Beteiligten Unterstützungsangebote entwickelt werden, die für Orientierung und Sicherheit sorgen können.

Neben ihrem privaten Lebensumfeld verbringen Kinder und Jugendliche in der Schule die meiste Zeit ihres Alltags. So kommt der Schule als Sozialraum eine ganz besondere Bedeutung für Mädchen und Jungen mit Fluchterfahrungen zu, sowohl im Guten wie leider auch im Schlechten, denn

> »minderjährige Flüchtlinge sind durch zahlreiche rechtliche und institutionell-strukturelle Rahmenbedingungen in ihrem Zugang zur Bildung benachteiligt. Insbesondere ihre rechtlich unsichere Lage und die institutionelle Diskriminierung im Bildungssystem schränken ihre Handlungsfähigkeit ein« (Frieters-Reermann et al., 2013, S. 107).

Das System selbst stellt Unterschiede in Bezug auf beteiligte Gruppen her, die zunächst kulturell begründet und dann auch noch negativ bewertet werden (Zimmermann, 2012, S. 75 f.). Gelingt es jedoch, interdisziplinäre Unterstützungsangebote im innerschulischen Alltag zu etablieren, können psychosoziale Hilfen für Kinder und Jugendliche mit Fluchterfahrungen und/oder ihre Familien einen wirksamen Beitrag zur Bildungsgerechtigkeit liefern (Adam, 2009, S. 256), obwohl das verbindliche Recht auf Bildung in Deutschland in Bezug auf geflüchtete Mädchen und Jungen ständig verletzt wird (Frieters-Reermann et al., 2013, S. 88). So kann »Schule für traumatisierte junge Menschen letztlich Chance wie auch Risiko sein« (Jäckle, 2016, S. 154).

Aber auch dort, wo geflüchteten Kindern und Jugendlichen Zugang zu Bildungseinrichtungen gewährt wird, eröffnen sich ihnen häufig neue Problemfelder, wenn sie den sprachlichen und schulischen Normalitätserwartungen nicht entsprechen. Dabei wird immer wieder deutlich, dass beeinträchtigende Lebensbedingungen der Mädchen und Jungen direkten Einfluss auf die schulische Leistungsfähigkeit haben (Zimmermann, 2012, S. 207) und umgekehrt eine drohende schulische Aussonderung die »soziale Selektion« im Lebensumfeld manifestiert (Zimmermann, 2012, S. 75 f.).

Für pädagogische Fachkräfte in der Schule ist es daher wichtig, sich zu vergegenwärtigen, dass es von besonderer Bedeutung ist, den zerstörten Beziehungsraum zwischen kindlichem Individuum und seiner Umgebung behutsam wieder aufzubauen. Außerdem ist das Spannungsfeld geflüchteter Kinder und Jugendlicher zwischen familiären und schulischen Normen zu berücksichtigen, in dem sie sich auch als unbegleitete Minderjährige ständig hin und her bewegen müssen. Dies kommt auch in den sprachlichen Kompetenzen zum Ausdruck, wenn es z. B. große Varianzen im Beherrschen der Mutter- und der Exilsprache gibt. Die flucht- und vertreibungsbedingte angeeignete Mehrsprachigkeit und deren symbolische Interaktionssysteme sollten daher in der Schule Integration und Förderung erhalten, um sie als Leistungskompetenz der Kinder und Jugendlichen anzuerkennen (Zimmermann, 2012, S. 78 f.).

Lernen unter Stress

So kann Schule für Mädchen und Jungen mit Fluchterfahrungen sehr leicht ein Ort permanenter Überforderung und des Versagens werden, an dem korrigierende Beziehungserfahrungen aufgrund der ständigen Wechsel gar nicht erst zustande kommen und zu ständigen Erfahrungen des Andersseins und der Ausgrenzung führen (Zimmermann, 2012, S. 80). Je nachhaltiger ein solches Erfahrungsspektrum ist, desto schwieriger wird es für die betroffenen Kinder oder Jugendlichen, das Geschehene überhaupt in Worte zu fassen, denn Worte können ängstigen und alte dysfunktionale Bearbeitungsstrategien wieder reaktivieren. Dieses Zurückgeworfenwerden auf traumasymptomatische, neurologische Muster, auf die das Mädchen oder der Junge zunächst keinen willentlichen Einfluss hat, führen zu einer Beeinträchtigung des Erfahrungslernens und verhindern so ein Lernen aus Versuch und Irrtum, aus Sanktion und Konsequenzen (Ding, 2013a, S. 59).

Sind PädagogInnen sich bewusst, dass jede kleinste Neuigkeit durch Situationen, Informationen oder Begegnungen potenziell angstauslösend, beunruhigend sein kann und damit die zerebralen Notfallreaktionen aktiviert, wird ihnen auch verständlich, warum sich betroffene Mädchen und Jungen oftmals aus Angst vor weiteren Versagenserfahrungen schulischen Lernleistungen bis ins Grundsätzliche verweigern können. »Die Fähigkeit zu lernen setzt die Fähigkeit voraus, Ungewissheit zu ertragen« (Streeck-Fischer, 2009, S. 142), und genau diese Fähigkeit steht traumatisierten Kindern und Jugendlichen mit Fluchterfahrungen erst einmal nicht zur Verfügung, da allem, was nicht einschätzbar ist, zunächst mit altbewährten, oftmals inakzeptablen und herausfordernden Survival-Strategien begegnet wird.

Schule sollte sich darüber im Klaren sein, dass vor der Vermittlung von Lerninhalten soziale Räume geschaffen werden müssen, in denen durch das Erleben von Sicherheit, Beruhigung und Stabilisierung die Wirkkräfte der grauenvollen Erfahrungen während der Flucht entmachtet werden können.

»Beide Grundformen des vielfach als störend empfundenen Verhaltens (aggressiv-ausagierend und depressiv-zurückgezogen) müssen demnach als mögliche Konsequenz hoch belastender Lebenserfahrungen erfasst und in den pädagogischen Diskurs einbezogen werden« (Zimmermann, 2012, S. 81 f.).

Dabei sollten sich die beteiligten PädagogInnen nicht von etwaigem überangepassten Verhalten geflüchteter Kinder und Jugendlicher täuschen lassen und/ oder es als gelungenen Integrationsprozess fehlinterpretieren. Im Gegenteil: Kinder, die eher dissoziativ auf neue, unbekannte Situationen reagieren, zeigen in der Schule übersteigerte Anpassungsanstrengungen, um nur nicht aufzufallen, was die Not, in der sie sich befinden, noch unsichtbarer und schwerer erkennbar werden lässt. Eine unwissende oder »verleugnende Grundhaltung der Schule gegenüber traumatischer Erfahrungswelt manifestiert das traumatische Erleben als Kernbestandteil der inneren Welt der Jugendlichen. Die potenziell kathartische Funktion von Schule bleibt damit allzu oft ungenutzt« (Zimmermann, 2012, S. 83 f.).

Lernen ohne feste Perspektiven

In Deutschland als Einwanderungs- und Exilland werden in frühkindlichen und schulischen Bildungseinrichtungen die Lebensbedingungen und Alltagsbelastungen von begleiteten und unbegleiteten Minderjährigen bislang noch viel zu wenig berücksichtigt. Individuelle und kulturelle Fähigkeiten oder Kompetenzen, die in der Vergangenheit das Überleben gesichert haben, finden nur selten Beachtung oder Förderung und zwingen sie buchstäblich dazu, »ihre Lebensentwürfe im Ankunftsland umzusetzen, indem sie ihr mitgebrachtes Wissen und ihre Erfahrungen eigenständig im Ankunftsland anwenden« (Frieters-Reermann et al. 2013, S. 108), auch wenn dies im Alltag des Exillandes negativ bewertet wird und sich somit potenziell traumatisierende Erfahrungen fortsetzen, ohne die Erfahrung korrigierender Übergänge zwischen Herkunfts- und Exilkultur zu erlauben.

Eine solche mangelhafte Berücksichtigung oder gar Tabuisierung des vergangenen, grauenhaften Erlebten verhindert eine subjektive Lebensperspektive und muss somit »als schwerer Risikofaktor für eine gesunde Gesamtentwicklung betrachtet werden« (Zimmermann, 2012, S. 219). Gebunden ist dies an die Wahrnehmung der Kinder und Jugendlichen, dass auch ihre Eltern oder enge familiäre Bezugspersonen, sowohl im Exil als auch im Herkunftsland, hilf- und perspektivlos sind und bleiben. Somit sehen sich die betroffenen Mädchen oder Jungen in der Regel gezwungen, rollenübergreifende Verantwortung für ihre Verwandten zu übernehmen, um beispielsweise die Not der Erwachsenen im Exil zu lindern oder den Auftrag, für einen Nachzug der Restfamilie aus dem Herkunftsland zu sorgen, zu erfüllen. Die Entwicklung einer positiven, individuellen Perspektive ist unter diesen Umständen für das Kind oder den/die Jugendliche jedoch nicht möglich, denn eine

> »noch nicht ausreichend verstandene oder gar zerbrochene Vergangenheit blockiert dann eine zu planende Zukunft. […] Die Ansicht, Schule als Ort anzunehmen, an dem man sich unter schwierigen Bedingungen zurechtzufinden und Halt finden kann, schwindet« (Adam, 2009, S. 258).

So ist es nur zu verständlich, dass sich auch aufseiten der beteiligten PädagogInnen ein Ohnmachts- und Hilflosigkeitserleben entfaltet und zu Wut und Aggressionen führen kann, »die sich manchmal auch gegen das betroffene Kind richten« (Adam, 2009, S. 258) kann. PädagogInnen müssen sich mit solchen Phänomenen, die allerdings häufig in der Schule tabuisiert werden, selbstreflexiv auseinandersetzen, um mögliche Grenzverletzungen am Mädchen oder Jungen zu verhindern.

Probleme im schulischen Bereich führen oft zu Angst- und Abwehrverhalten auch aufseiten der geflüchteten Eltern, da negative Erwartungen geschürt werden, »erneut vertrieben zu werden« (Winklhofer, 2015, S. 16), was sie dazu neigen lässt, Schwierigkeiten oder herausforderndes Verhalten ihres Kindes zu ignorieren oder zu bagatellisieren. Mangelnde Kenntnisse der Exilsprache, eigene traumatische Belastungen und schwierige Trauerprozesse machen eine Verständigung und den Aufbau tragfähiger Kooperationen zwischen Kindeseltern und HelferInnen oft sehr schwierig. Hinzu kommen gravierende Scham- und Schuldgefühle, die Rollenerwartung als Eltern nicht erfüllen zu können, was wiederum zu massiven Abwehr- und Vermeidungsreaktionen führen kann.

Finden diese Prozesse keine reflexive Berücksichtigung, wird das System Schule Kindern und Jugendlichen mit Fluchterfahrungen keinerlei Neuorientierung anbieten können, sondern existenzielle Bedrohungserfahrungen aufrechterhalten.

Wenn Schule mehr als Unterricht ist

Nicht zuletzt durch die große Zahl an geflüchteten Mädchen und Jungen in fast jeder Schule im Exilland sind die PädagogInnen herausgefordert, sich mit psychotraumatologischem Wissen auseinanderzusetzen, denn im »Mittelpunkt des pädagogischen Traumaverständnisses muss die Beziehungsstörung stehen« (Ullrich u. Zimmermann, 2014, S. 258). Sie müssen sich Wissen über die Wechselwirkung biografischer Aspekte und individueller Bewältigungsstrategien erarbeiten, um zu verstehen, welchen gewaltigen sozialen und gesellschaftlichen Wirkkräften traumatisierte Kinder und Jugendliche ausgesetzt sind. Das Verständnis von Schule als Bildungsanstalt ist lange schon überholt, stattdessen sind Aufträge und Aufgaben als sozialer Lernraum zunehmend umfangreicher und alltagsbestimmender geworden.

> Ein »pädagogisch-didaktisches Arbeiten im Unterricht heißt daher nicht, vulnerable junge Menschen in einen pädagogischen Schonraum zu packen oder ihnen ein schulisches ›Sicherheitstraining‹ zu verpassen, sondern in Achtung vor der individuellen (Über-) Lebensleistung des Einzelnen die Grundmomente und Dimensionen pädagogisch-didaktischen Handelns – präsent und reflexiv – für situative pädagogisch-didaktische Entscheidungen, Handlungen und Reflexionen im Blick zu haben« (Jäckle, 2016, S. 156).

Dies verlangt von der schulischen Fachkraft ein hohes Maß an Selbstreflexion, um die eigenen »fundierenden Grundformen des Handelns, Halten und Zumuten, in besonderer Weise an traumaspezifischen Bedürfnissen der Jugendlichen« (Zimmermann, 2012, S. 235 f.) ausrichten zu können. Dazu gehört vielleicht zunächst nur das einfache Da-Sein, die bloße Anwesenheit wertzuschätzen und anzuerkennen, da dies für das Mädchen oder den Jungen bereits eine große Herausforderung und Leistung in einem neuen sozialen Lernfeld darstellt.

Jede Form von Separierung in der Unterrichtung von geflüchteten Kindern und Jugendlichen würde allerdings »eher zu einer Verschärfung der Problematik führen und dem Bedürfnis nach Zugehörigkeit entgegenwirken« (Winklhofer, 2015, S. 16). Dies bedeutet für eine inhaltliche Gestaltung des Unterrichts, dass dieser »sich erstens an dem Bedürfnis nach Kompetenz und Wirksamkeit, zweitens an dem Bedürfnis nach Autonomie (sich also als entscheidungsmächtig zu erleben) und drittens an dem Bedürfnis nach Zugehörigkeit […] orientieren und darauf hinarbeiten« (Jäckle, 2016, S. 157; unter Bezug auf Wiater, 1999, S. 104) muss. Dazu braucht es PädagogInnen, die bereit sind, sich in der Arbeit mit geflüchteten Mädchen und Jungen mit der hochgradigen Subjektivität schulischer Didaktik auseinanderzusetzen, die sich an sinnlichen, körperlich erfahrbaren Aspekten orientiert (Ding, 2014), um individuellen und institutionellen Macht- und Gewaltstrukturen im Praxisfeld wirksam entgegentreten zu können, denn

> »identitätsstärkende Projekte, Musik, Theater, Kunst und Freizeitaktivitäten als Verarbeitungshilfe sowie kreative Ausdrucksmöglichkeiten aller Art sind sinnvolle Möglichkeiten, um im Schulkontext der Sprachlosigkeit andere Formen des Ausdrucks entgegenzusetzen. Dadurch können traumatische Erlebnisse nach ›außen‹ gebracht werden, können doch beispielsweise Bilder oft viel mehr mitteilen als Sprache« (Winklhofer, 2015, S. 16 f.).

Die Vielschichtigkeit schulischer Aufgaben im Umgang mit begleiteten oder unbegleiteten Minderjährigen verdeutlicht die unbedingte Notwendigkeit zur Vernetzung mit anderen interdisziplinären Institutionen und Maßnahmen (wie Schulsozialarbeit, Beratungsstellen, Supervision), denn aus der einzelnen Schule heraus sind diese Anforderungen nicht zu bewältigen. Eine Herausforderung, der sich das System Schule in Deutschland dringend stellen muss.

Praxistipp: Hilfestellungen für den Schulalltag
- *Zahlreiche Anregungen für das interdisziplinäre Gestalten von Schulalltag*, wie es in Deutschland bisher oft noch fehlt, sind auf der Webseite »Teaching Refugees with limited formal schooling« aus Kanada (englisch!) unter www.teachingrefugees.com zu finden, z. B. das schulbegleitende Projekt »Complex English Language

Learners (CELLS) – A Tool to Support School Learning Teams« unter www.teachingrefugees.com/wp-content/uploads/2015/02/CELLS-February-2015.pdf.
- *Sprache lernen – ein Thema nicht nur für Kinder mit Fluchterfahrungen:* Eine kleine, aber äußerst wirksame Geste ist es, wenn PädagogInnen und die anderen MitschülerInnen einfache Begrüßungs- und Verabschiedungsformeln in der Muttersprache des geflüchteten Kindes lernen. Es zeigt diesem, dass jeder Mensch in einer besonderen Situation ist, wenn es um das Erlernen einer neuen Sprache geht. So kann eine Begrüßung, Verabschiedung oder die einfache Frage »Wie geht es dir?« in seiner Muttersprache für das geflüchtete Kind eine wichtige Brücke zum gegenseitigen Verständnis bauen.
- *Rückzugsräume:* Traumatisierte Kinder und Jugendliche mit Fluchterfahrungen bekommen durch die klare Struktur des Schulalltags wichtige Hilfestellungen zur Orientierung im Exilalltag. Häufig ist aber selbst diese Struktur z. B. im 45-Minuten-Rhythmus ein zu grobes Raster, um sich sicher darin bewegen und verhalten zu können. Für diesen Fall ist das Angebot einer Rückzugsmöglichkeit notwendig, um sich wieder reorientieren zu können. Wichtig ist, dass dieser Rückzugsraum nicht als Bestrafung, sondern als Hilfe erfahrbar ist.

Jugendhilfe

In Deutschland sind Hilfen und Unterstützung für Minderjährige und/oder ihre Familien durch das Kinder- und Jugendhilfegesetz (KJHG) geregelt. Diese umfassen frühkindliche und vorschulische Bildungs- und Betreuungsangebote, Beratung, ambulante und (teil)stationäre Hilfen zur Erziehung bis zum 18. Lebensjahr, in Ausnahmefällen nach § 41 KJHG (Hilfe für junge Volljährige, Nachbetreuung) bis zum 21. Lebensjahr oder mitunter sogar darüber hinaus. Diese gesetzlichen Bestimmungen gelten ebenso für begleitete und unbegleitete Minderjährige mit Fluchterfahrungen, wenn sie nach Deutschland ins Exil kommen, »unabhängig davon, ob sie mit einem gesicherten Aufenthaltsstatus, einer Aufenthaltsgestattung während des Asylverfahrens oder einer Duldung hier leben« (Berthold, 2014, S. 44; vgl. auch Abb. 20).

Unbegleitete Minderjährige bekommen somit unmittelbare Unterstützung durch die Jugendhilfe, da sie direkt nach Ankunft in Deutschland vom jeweils zuständigen Jugendamt in Obhut genommen werden. Der Zugang zu psychosozialen Hilfen für begleitete Kinder und Jugendliche vollzieht sich allerdings eher verzögert und oftmals erst durch die Vermittlung und Unterstützung von Kita bzw. Schule oder irgendwann auf Wunsch der Eltern selbst. Geflüchtete Eltern verfügen jedoch zunächst nur über unzureichende Informationen, welche

Möglichkeiten der Unterstützung es im Exilland gibt, oder scheuen den Kontakt zum Jugendamt, da es als behördliche Einrichtung so mit anderen restriktiven offiziellen Verwaltungsstellen, wie beispielsweise der Ausländerbehörde, wahrgenommen und gleichgesetzt wird.

Rechte/Ansprüche unbegleiteter minderjährigen Geflüchteter in Deutschland

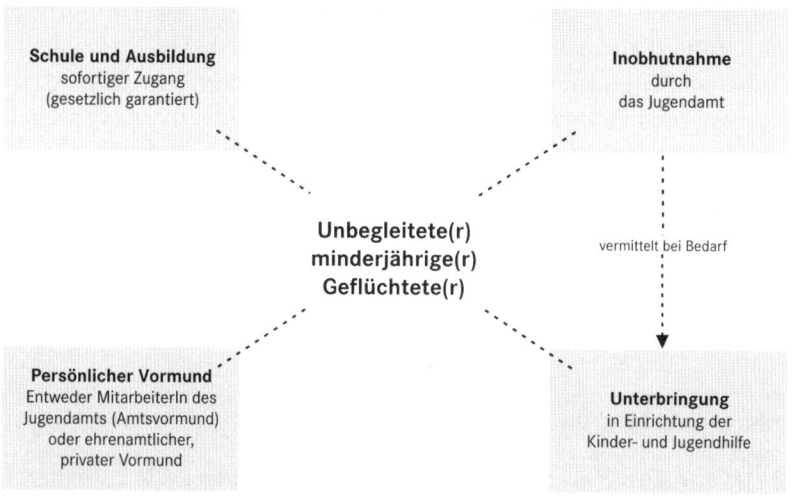

Abbildung 20: Rechte und Ansprüche von unbegleiteten Minderjährigen in Deutschland (nach Zurwonne et al., 2016, o. S.).

Dabei könnten die Hilfen zur Erziehung eine wertvolle Unterstützung für geflüchtete Familien darstellen, nicht etwa, weil das Kindeswohl dort nachweislich besonders gefährdet wäre, sondern »um die Familien in der neuen, ungewohnten Situation zu entlasten und zu begleiten« (Berthold, 2014, S. 45). Dazu wäre es hilfreich, wenn die zuständigen Jugendämter bereits in den Erstaufnahmeeinrichtungen eine höhere Präsenz zeigen würden, um über die Möglichkeiten von Hilfen zur Erziehung zu informieren und geflüchtete Familien entsprechend zu beraten.

In diesem Zusammenhang darf allerdings nicht verschwiegen werden, dass es in der bundesdeutschen Gesetzgebung aktuell zwischen dem Aufenthaltsgesetz (§ 55) und dem SGB VIII (§ 6) eine »mögliche Kollision von Aufenthaltsrecht und Kindeswohl« (Schwarz et al., 2010, S. 13) gibt, denn die Inanspruchnahme von Hilfen zur Erziehung außerhalb der eigenen Familie oder von Hilfen für junge Volljährige kann im Rahmen einer sogenannten Ermessensausweisung

»im Einzelfall zur Ausweisung führen oder die Verfestigung von Aufenthaltstiteln gefährden« (Wiesner, 2014, S. 42). Der zentrale Kernauftrag von Jugendhilfe, »die jungen Menschen in ihrer Entwicklung zu unterstützen, wird durch diese Regelungen in Frage gestellt« (Berthold, 2014, S. 45).

Bedingt durch eine Vielzahl solcher Widersprüchlichkeiten in diesem pädagogischen Arbeitsfeld benötigen die zuständigen professionellen Fachkräfte nicht nur zu diesen Aspekten regelmäßige begleitende Fachberatung, Supervision und fachliche Schulungen, um kompetent und parteilich im Sinne ihrer AdressatInnen handeln zu können. Dabei sollte der Fokus »nicht in migrantenspezifischen Methoden und Techniken« liegen, »sondern eher darin, dass die Professionellen bewährtes Handwerkszeug transkulturell sensibel anwenden« (Bestmann, 2009, S. 23) können. Das bedeutet u. a., dass sich Fachkräfte in der Sozialen Arbeit mit geflüchteten Menschen nicht so sehr auf die Unterschiede, sondern eher auf die Gemeinsamkeiten orientieren, denn es ist festzustellen, dass »bei der erfolgreichen Arbeit mit Migrantenfamilien keine wesentlichen Unterschiede zur Arbeit mit so genannt einheimischen deutschen Familien festzustellen« (Bestmann, 2009, S. 23) sind.

Kinderrechte sind universal

Die UN-Kinderrechtskonvention (KRK) wurde mittlerweile von allen Mitgliedsstaaten unterzeichnet, mit Ausnahme der USA. Damit stellt sie eine globale Orientierung für die Arbeit mit Kindern und Jugendlichen dar: »Klar ist, dass die KRK als völkerrechtlicher Vertrag Staatenverpflichtungen begründet: Die Vertragsstaaten sind verpflichtet, den Vertrag einzuhalten und für die Erreichung seiner Ziele und die Umsetzung des Inhalts zu sorgen. Dies ergibt sich auch unmittelbar aus Art. 4 KRK« (UNICEF, 2014, S. 8). Die KRK ist also beispielsweise auch in Syrien, Afghanistan, Irak gültig, also in jedem einzelnen Herkunftsland von Kindern und Jugendlichen mit Fluchterfahrungen (Abb. 21).

Damit stellt die Orientierung auf Kinderrechte einen Kernaspekt in der psychosozialen Versorgung geflüchteter Kinder und Jugendlicher dar, der trotz aller interkultureller Unterschiede und Bedingungen einen gemeinsamen, verbindlichen Rahmen für die professionelle Arbeit setzt, ob es dabei nun um unbegleitete oder begleitete Minderjährige und ihre Familien geht – auch, wenn es an einer umfassenden Realisierung noch an vielen Stellen, auch in Deutschland, krankt (BUMF, 2014).

Abbildung 21: UN-Kinderrechte (nach Pro Asyl, 2011, S. 6)

Internet-Tipp: Kinderrechte

- Postkarte »Alle Kinder haben Rechte!« in verschiedenen Sprachen; kostenloser Download unter http://www.kinderrechteschulen.de/infothek/medien-fuer-kinder-und-jugendliche/
- »Praxis-Buch Kinderrechte. Eine Werkstatt für Kinder von 8 bis 12 Jahren«; kostenloser Download unter https://www.unicef.de/blob/9440/8ef23b406f69bbe10009ece63799e0ed/praxis-buch-kinderrechte-komplett-2010-pdf-data.pdf
- Onlinespiel »LastExitFlucht – Wie ist es, ein Flüchtling zu sein?« Dieser Frage können Jugendliche ab 12 Jahren in einem interaktiven Spiel des UN-Flüchtlingskommissariats (UNHCR) unter www.LastExitFlucht.org nachgehen.
- Themenheft »Der Anstifter« 3/2016: »Aktiv für junge Flüchtlinge – Hintergrundinfos & Praxistipps« des DRK Berlin; kostenloser Download unter http://www.buntstifter.org/wp-content/uploads/2016/03/Themenhefte-Flu%CC%88chtlinge_final.pdf
- DKHW: »Ausgewählte Kinderrechte. Aus der UN-Konvention über die Rechte des Kindes«; kostenloser Download unter http://shop.dkhw.de/de/index.php?controller=attachment&id_attachment=20
- DKHW: »Hier steht nichts drin …, was Du nicht über Kinderrechte wissen musst«; kostenloser Download unter http://shop.dkhw.de/de/index.php?controller=attachment&id_attachment=11

- Projektmappe zum Thema Kinderrechte; kostenloser Download unter http://kinderfreunde.at/Media/Dateien/Rote-Falken-Dateien/Kinderrechte

Die Orientierung an den Kinderrechten dient so als Kompass in der Praxis der Sozialen Arbeit, auch im Kontext von Flucht und Vertreibung. Interkulturell bedingte Verunsicherungen aufseiten der PädagogInnen können durch eine kinderrechtliche Ausrichtung der professionellen Hilfeplanung und Maßnahmengestaltung aufgefangen und korrigiert werden, denn »the objective is to reawaken the child's abilities by being curious and exploratory. Finding the child's resources and capacities is crucial« (Bræin u. Christie, 2011, S. 113; vgl. auch Abb. 22).

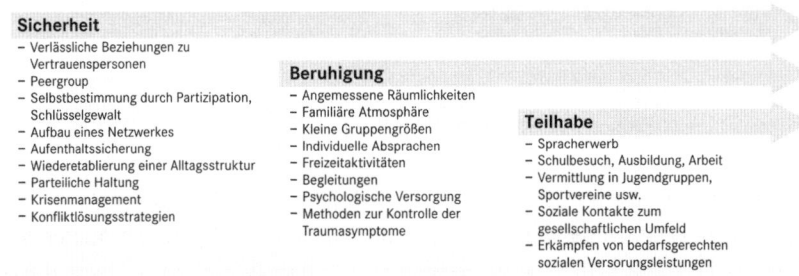

Abbildung 22: Faktoren stationärer Jugendhilfe zur Unterbrechung des Traumatisierungsprozesses (nach Hargasser, 2014, S. 235)

Jugendhilfepraxis als Spannungsfeld

Eine unreflektierte Vorgehensweise der PädagogInnen wird diese schnell an die Grenzen ihrer Handlungsfähigkeit bringen, ebenso wie Pauschalisierungen oder Bagatellisierungen in der Betrachtung von Flucht und Vertreibung unter sozialen, gesellschaftlichen und politischen Aspekten. Im Gegenteil, eine mangelhafte oder gar fehlende Reflexion des eigenen fachlichen Handelns kann in der sozialen Interaktion mit geflüchteten Kindern oder Jugendlichen schnell zu einer Verschärfung traumabezogener Reaktionen führen und die Effizienz von Hilfen maßgeblich beeinträchtigen (Abb. 23).

Traumaprozesse verstärkendes Kommunikations- und Interaktionsmuster

- Die Kinder/Jugendlichen schweigen aus verschiedenen Gründen über ihre Traumaerfahrung
- Das Schweigen verstärkt ihre psychische Belastung, Hilfe wird unzugänglicher
- Fachkräfte verorten Traumatisierung ausschließlich in der (Prä-)Migrationsphase
- Über den Traumaprozess der Gegenwart schweigen die Kinder/Jugendlichen
- Zugleich befinden sie sich im ständigen Krisen-/Notfallmanagement und geraten in Erschöpfung

Abbildung 23: Traumaprozesse verstärkendes Kommunikations- und Interaktionsmuster (nach Hargasser, 2014, S. 229)

»Die Wahrnehmung der jugendlichen Flüchtlinge als eine scheinbar fest umrissene Zielgruppe fördert eine fragmentarische Sichtweise und führt zu einer selektiven Betrachtungsweise« (Gravelmann, 2016, S. 65), stattdessen ist eine fachliche Grundhaltung erforderlich, die das Mädchen/den Jungen in seiner bzw. ihrer Individualität betrachten kann, ohne die Person ständig allein auf die traumatischen Fluchterfahrungen zu reduzieren.

»Eine sich interkulturell verstehende Praxis soll und muss durchaus kulturelle Besonderheiten und daraus resultierende Handlungsmuster einbeziehen, sie darf sich nur nicht darauf reduzieren, zumal die Gefahr besteht, diese undifferenziert auf die gesamte Gruppe eines Herkunftsraumes zu projizieren« (Gravelmann, 2016, S. 57 f.).

Das zeitliche Fenster für die pädagogische Praxis in der Jugendhilfe mit geflüchteten Kindern und Jugendlichen ist in der Regel sehr eng und verleitet Fachkräfte schnell zu Verallgemeinerungen in der täglichen Arbeit, statt sich auf einen notwendigen individualisierten Beziehungsprozess einzulassen. Maßnahmen der Hilfen zur Erziehung haben in der Regel die Verselbstständigung des Jugendlichen zum Ziel, also die Fähigkeit, sich ein eigenständiges Leben unabhängig von Hilfen im sozialen und gesellschaftlichen Raum aufzubauen.

Werden Hilfen nicht vorzeitig durch behördliche Entscheidungen unterbrochen, sehen sich PädagogInnen in der Praxis mit unterschiedlichen Reaktionen der Jugendlichen auf ihre Beziehungsangebote konfrontiert:
- Einige Mädchen und Jungen sind durch beschädigte Bindungserfahrungen dem Druck zur Verselbstständigung entwicklungsmäßig noch nicht gewachsen und scheinen trotz entsprechender Angebote nur geringe Fortschritte zu machen, was oft als »mangelnde Motivation oder Mitarbeit […] fehlinterpretiert« (Mogk, 2016, S. 62) wird. Allerdings können sich unter diesen Umständen überhöhte Beziehungserwartungen entwickeln, mit denen die Bezugspersonen kompetent umgehen sollten, da es ansonsten sehr schnell zu Beziehungsabbrüchen kommen kann.
- Andere Jugendliche zeichnen sich durch ein ausgeprägtes Autonomiebestreben aus, welches häufig mit den Regeln innerhalb der Unterkunft kollidiert und so regelmäßig zu Konflikten führen kann. Auch hier sind Missverständnisse auf allen Seiten vorprogrammiert, wenn es den Bezugspersonen nicht gelingt, sich das Verhalten der Kinder bzw. Jugendlichen zu erschließen. Erschwerend kann hinzukommen, dass die Mädchen und Jungen durch die Flucht gelernt haben, möglichst wenig Persönliches von sich mitzuteilen, um sich zu schützen. Des Weiteren haben die Jugendlichen von ihren Familien und nächsten Angehörigen häufig Aufträge mit auf den Weg bekommen, die sie aus Loyalitätsgründen aber nicht mit HelferInnen kommunizieren können, da sie befürchten, dass es ihren Verbleib im Exilland gefährden könnte (Hargasser, 2014, S. 120).

Zusammenfassend lässt sich also festhalten, dass es insbesondere drei Faktoren sind, welche die Arbeit von PädagogInnen mit geflüchteten Kindern und Jugendlichen erheblich erschweren können:
- Fehlende Handlungsmöglichkeiten im Spannungsfeld unterschiedlicher Ansprüche von Ausländerbehörde, Jugendamt und Kindern bzw. Jugendlichen können zu Frust und Aggression bei BetreuerInnen und Betreuten führen.
- Das in Deutschland vorgeschriebene Clearingverfahren mit den Aufträgen Sicherung der Grundversorgung, Ermittlung eines Jugendhilfebedarfs und Klärung der aufenthaltsrechtlichen Bedingungen ist in sich selbst widersprüchlich. Die Unsicherheiten, die Fachkräfte in diesem Konfliktfeld wahrnehmen, geben sie vermittelt oder unvermittelt direkt an die betreuten Kinder bzw. Jugendlichen weiter und lösen so auch bei diesen einen anhaltenden Zustand von Verunsicherung aus.
- Traumatische Belastungen, die in symptomatischen Verhaltensweisen zum Ausdruck kommen, sowie das Gefühl kultureller Fremdheit rücken die Kin-

der und Jugendlichen als Problem in den Fokus, wenn sie nicht von PädagogInnen betreut und begleitet werden, die sich dieser Zusammenhänge, Widersprüche und Konflikte bewusst sind (Hargasser, 2014, S. 121 f.)

Beziehungsarbeit als zentrale pädagogische Aufgabe auch bei Kindern und Jugendlichen mit Fluchterfahrungen, deren bisherige Realität aus einer Normalität von Krieg, Flucht und Vertreibung bestand, ist herausfordernd und verdeutlicht, dass die Bezugspersonen eine gute fachliche Begleitung benötigen und ein gut vernetztes Arbeiten erforderlich ist (Abb. 24).

Abbildung 24: Interdisziplinäre Vernetzung durch Kooperation (nach Hargasser, 2014, S. 237)

Jugendhilfepraxis als Wirkungsfeld

Die Gestaltung eines Sicheren Ortes für Kinder und Jugendliche im Kontext von Flucht und Vertreibung entsteht vor allem durch die Erfahrung von »Empathie bei den Fachkräften, Beziehungsangebote sowie eine Ruhe und Sicherheit gewährleistende räumliche Ausstattung« (Zimmermann, 2016, S. 206), d. h., der Sichere Ort ist immer eine subjektive Wahrnehmung von Sicherheit und Stabilisierung der einzelnen Kinder oder Jugendlichen im Alltäglichen, und daran müssen sich die Bezugspersonen messen lassen (vgl. Tab. 3).

Tabelle 3: Möglichkeiten zur individuellen Stabilisierung. Eigene Darstellung in Anlehnung an Schneider, 2009, S. 18 ff.

Wirkungsbereich	Stabilisierungshilfen
Kontrolle Sicherheit Hilfe zur Furcht- und Angstreduzierung	- Sicherung der Grundbedürfnisse (Gesundheit, Wohlfahrt, Bildung, Unterkunft usw.) - Bereitstellen einer strukturierten einschätzbaren Umgebung - Erklärungen für alles, was passiert - Erleichterung des Zugangs zu Dienstleistungen - Maximierung von Wahlmöglichkeiten und Autonomie - Reflektieren der eigenen HelferInnenrolle - Bewertung von Risiken - Verringerung identifizierbarer Trigger - Schaffung von und Zugang zu Lernfeldern - Schaffung von Möglichkeiten für Spiel und Selbstausdruck - Schaffung von Möglichkeiten für erreichbare Ziele
Bindung Anschluss Überwindung von Kummer und Verlust	- Angebot einer konsequent unterstützenden Beziehung - Aktivitäten zur Verringerung von Isolation und Depression - Förderung von Verbindungen zu Familien, Kirche, sozialem Umfeld oder Gruppenangeboten usw. - Ermutigung zur Teilnahme an Aktivitäten - Vertrauensvolle, kontinuierliche Verbindung mit einem fürsorglichen Erwachsenen - Schaffung neuer Ziele, die realistisch und sinnvoll sind - Aufbau von Selbstwertgefühl - Schaffung von Möglichkeiten für freudige Erfahrungen
Identität Bedeutung	- Respektvolle Behandlung - Angemessenes Tempo - Herstellung von Verständnis für die Auswirkungen der Vergangenheit auf die Gegenwart - Schaffung von Möglichkeiten für einen anderen Blick in die Zukunft - Erforschung von Konzepten des Selbst, des Anderen und der Gemeinschaft - Bewertung des erlebten Traumas - Integration von Vergangenheit, Gegenwart und Zukunft - Wissenserwerb zu politischen Hintergründen von Gewalt
Würde Nutzen Schuldreduzierung	- Respekt gegenüber anderen - Flexibilität - Respektieren von Privatsphäre und Angst vor der Verletzung persönlicher Grenzen - Akzeptieren, dass Selbstenthüllungen auftreten können oder auch nicht - Erwarten von Angst vor »aufdringlichen« Kontakten - Bezeugung der persönlichen Geschichte und Anerkennung erlebter Ungerechtigkeiten - Sensibilität für kulturelle Unterschiede - Zulassen des Ausdrucks von Schuld und Scham

	– Akzeptieren, dass Ereignisse und Geschichten immer und immer wieder erzählt werden müssen, um Schuldgefühle zu vermindern (Absprache über den passenden Rahmen)

Haben Bezugspersonen Probleme, sich in diese individuell-subjektiven Wahrnehmungen hineinzuversetzen, liegt die Lösung einzig und allein darin, diese Fragen und Probleme immer wieder zu thematisieren, denn nur »aus der emotionale und kognitive Anteile integrierenden Analyse der Extremerfahrungswelt zwangsmigrierter Kinder und Jugendlicher können angemessene Unterstützungsangebote entwickelt werden« (Zimmermann, 2016, S. 207).

Jugendhilfepraxis ist politisch

Es ist deutlich geworden, dass professionelle Hilfen für geflüchtete Kinder und Jugendliche nicht ohne eine sozialpolitische Ausrichtung geleistet werden können, denn die Alltagsbedingungen im Exil »lassen keine moralische Neutralität zu, ein Ignorieren wird von den Betroffenen als Verrat empfunden« (Hargasser, 2014, S. 230). Deshalb sind neben der anspruchsvollen pädagogisch-fachlichen Arbeit »größte Anstrengungen zu unternehmen, um den rechtlichen Aufenthaltsstatus der Kinder und Jugendlichen zu sichern« (Hargasser, 2014, S. 234). Pädagogische Einrichtungen mit geflüchteten Kindern und Jugendlichen sollten sich daher rechtzeitig um eine wirksame juristische Unterstützung kümmern, denn die Widersprüchlichkeiten in der bundesdeutschen Wirklichkeit lassen sich alleine mit gutem Willen leider nicht lösen. Daraus ergeben sich für die Jugendhilfe folgende Schlussfolgerungen:
– Werden die Traumatisierungen von geflüchteten Kindern und Jugendlichen im Kontext des sequenziellen Modells betrachtet und analysiert, wird deutlich, dass präventive Interventionen auf unterschiedlichen interdisziplinären Vernetzungsebenen notwendig sind (Hargasser, 2014, S. 222).
– Die Dominanz und Abhängigkeit von ausländerbehördlichen Entscheidungen stellt einen weiterhin traumatisierenden Alltagsfaktor für die betroffenen Kinder und Jugendlichen dar (Hargasser, 2014, S. 225).
– Angebote der (stationären) Jugendhilfe finden also mitten in einem potenziell traumatisierenden Feld statt, so werden diese »als verstärkender Aspekt dieser traumatischen Sequenz erfahren« (Hargasser, 2014, S. 226).
– Die Möglichkeiten der (stationären) Jugendhilfe müssen als traumakorrigierendes Milieu verstanden werden, dessen Wirkungsmöglichkeiten ständig weiter entwickelt werden sollten (Hargasser, 2014, S. 231).

So zeigt sich im Arbeitsspektrum mit geflüchteten Kindern und Jugendlichen, dass

»Traumapädagogik eine gesellschaftliche Dimension hat, die eine politische Positionierung im Sinne der Jugendlichen notwendig macht, um gesellschaftliche und sozialpolitische Bedingungen zu schaffen, in denen sich die Jugendlichen Grundlagen für ein gutes Leben schaffen können, ohne Angst vor restriktiver Asylpolitik und Ausgrenzung« (Menesch u. Keller, 2016, S. 218).

Leitfaden: Aufnahmekonzept
Die Aufnahme eines geflüchteten Kindes oder Jugendlichen in eine pädagogische Maßnahme ist für diese immer auch verbunden mit einem Wechsel ihres Sinn- und Relevanzsystems, seiner kulturellen Gewohnheiten, der gestellten Anforderungen und Regeln, die in den neuen Systemen im Exil gelten. Dies bedeutet sowohl Chance wie auch Herausforderung für die Betroffenen. Bei gleichzeitigem Eintritt in komplett neue sprachliche und kulturelle Umgebungen erhöht sich die Herausforderung und Gefährdung allerdings um ein Vielfaches. Bei so vielen neuen, unterschiedlichen Lebensaspekten muss deshalb das Thema Sicherheit unbedingten Vorrang haben.

Baustein 1: Notwendiges Vorwissen erarbeiten
- Wissen über die Kultur
- Wissen über die AdressatInnen (welche Informationen sind bekannt?)
- Wissen in Bezug auf eigene Fragestellungen
- Wissen in Bezug auf mögliche Befürchtungen/Ängste

Baustein 2: Kommunikation ermöglichen
- Organisation von DolmetscherInnen
- Beschaffung oder Erstellung von Kommunikationsmaterialien in der jeweiligen Sprache
- Erstellung von Kommunikationshilfen (z. B. Piktogramme)

Baustein 3: Spezifisches Infomaterial erstellen
- Infomaterial über die Einrichtung
- Infomaterial über das Angebot
- Infomaterial über die wichtigsten Regeln
- Infomaterial über das, was von den AdressatInnen erwartet wird

Baustein 4: Persönlichen Kontakt herstellen
- Gestaltung des Erstkontakts mit kulturspezifischen und/oder hier üblichen Gesten des Willkommenheißens
- Einbeziehung des Familiensystems, soweit möglich und notwendig
- Herstellung größtmöglicher Transparenz
- Schaffung von Sicherheiten (Personen, Rückzugsorte, Rituale usw.)
- Aufzeigen von Möglichkeiten für Situationen, in denen es den AdressatInnen nicht gut geht

Baustein 5: In das Angebot einsteigen
- Motto »Da sein reicht!«
- Ausbau weiterer Kommunikation (z. B. Piktogramme, Gesten, Symbole in Kombination mit Sprache)
- Konsequente Achtsamkeit für Transparenz und Vorhersehbarkeit des Angebots
- Herstellung von Wahl – und Kontrollmöglichkeiten für die AdressatInnen
- Einführung in das pädagogische Angebot
- Entwicklung von Ritualen in Alltag und Kommunikation
- Achtsamkeit dafür, dass Aussagen, die sich wiederholen, möglichst immer gleich ausgedrückt werden
- Psychoedukation
- Erarbeitung eines gemeinsamen Umgangs für steigenden Stresspegel (Was tut gut? Was entspannt? Wo darf der/die AdressatIn angefasst werden, wo nicht? Notfallkoffer)

Baustein 6: Selbstfürsorge beachten
- Schaffung und Nutzung von Netzwerken für Information, Beratung, Entlastung
- Schaffung von Achtsamkeit für eigenen Stresspegel
- Erarbeiten von Methoden zum Gegensteuern und Unterbrechen von Stress
- Entlastung durch Teilen, nicht zu viel alleine tragen!
- Klärung der eigenen Motivationsquellen und Vermeidung, die Ansprüche an sich selbst nicht zu hoch ansetzen; Systemfehler können nicht durch Einzelne gutgemacht werden, aber Einzelne können schon mit kleinen Dingen viel bewirken!
- Erschließung und Bereithalten von Krafttankstellen im Alltag
- Erstellung eines eigenen Notfallkoffers

4 Selbstfürsorge traumapädagogischer Fachkräfte

Professionelle HelferInnen im Kontext von Flucht und Vertreibung sehen sich zunächst einer ganz besonderen Herausforderung ausgesetzt, denn ihr Wirken wird durch ein gravierendes Dilemma bestimmt: Die pädagogische Arbeit wird maßgeblich durch die Abhängigkeit von anderen gesellschaftlichen Instanzen wie Politik, Ausländerbehörde, exekutiven Kräften und anderen nicht pädagogisch orientierten Systemen bestimmt. Durch diese direkte, ständige Konfrontation mit den Auswirkungen und Konsequenzen struktureller Gewalt, die pädagogischen Interessen diametral entgegenstehen, kann bei den HelferInnen schnell und unmittelbar ein hohes Maß an Hilflosigkeit und Ohnmachtserfahrungen erzeugt werden. Um diese erfolgreich bewältigen zu können, sind ausreichende Ressourcen zur individuellen und fachlichen Reflexion und gegebenenfalls, z. B. nach Vollzug einer Abschiebung, auch Trauerarbeit notwendig.

Pädagogische Fachkräfte, die mit den Erzählungen geflüchteter Kinder und Jugendlicher konfrontiert sind, erleben zudem häufig, dass ihnen sehr »nahe geht«, was sie hören, und dass es ihnen »anschließend noch in den Knochen steckt«, sich »im Körper quasi niedergeschlagen hat« (Sachsse, 2004, S. 437), denn es ist eine Welt »voller feindlicher oder zerstörter Objekte« (Kraushofer, 2004, S. 173), die sich ihnen dabei eröffnet. Um daran nicht selbst zu zerbrechen, ist es notwendig, dass traumasensible PädagogInnen liebevoll, wertschätzend, achtsam und mitfühlend (Reddemann, 2003, S. 82), kurz: fürsorglich mit sich selbst umgehen. Unter Selbstfürsorge (auch: Psychohygiene) werden also »alle Maßnahmen, Haltungen und Aktivitäten verstanden, die den Erhalt, die Stabilisierung und/oder das Wiedererlangen von psychischer Gesundheit, Ausgeglichenheit und Zufriedenheit unterstützen« (Loch, 2012a, S. 105).

Spezifische Belastungen für Ehrenamtliche und Professionelle

Eine zentrale Diskrepanz liegt in der irrealen Erwartung der Helfenden, das geflüchtete »Opfer soll gut und rein sein, bereit, unsere Hilfe zu suchen und anzunehmen. Solche Charakteristiken passen besser zu einem Märtyrer als zu einem lebendigen verfolgten und gefolterten Menschen« (Becker 2006a, S. 161). Wütendes und aggressives Verhalten sind zwar ganz natürliche Reaktionen auf erfahrene Gewalt, auch bei geflüchteten Menschen (vgl. auch Kühn, 2016), doch

> »ein Flüchtling, der ungeordnet, kühl distanziert, wirr oder bruchstückhaft über seine Foltererfahrungen berichtet, wäre glaubwürdiger, vorausgesetzt, man hat Interesse an seinem Leid und nicht nur an formaljuristischen Abläufen. Das freundliche Opfer sollte uns eher ängstigen als erfreuen« (Becker 2006a, S. 161).

Die PädagogInnen werden so oft in »einen Kreislauf von destruktiven sozialen Bedingungen und ebenso destruktiven Inszenierungen der Jugendlichen verstrickt« (Zimmermann, 2012, S. 73), »zwischen den Polen von extremer Distanz und Distanzlosigkeit« (Gahleitner et al., 2012, S. 8). Dies führt bei den Fachkräften häufig zum Phänomen der hilflosen Helfenden (Schmidbauer, 1977; vgl. auch Zimmermann, 2012, S. 82 f.), sie erleben »unbefriedigende Arbeitssituationen und Deprofessionalisierungserfahrungen« (Loch, 2012b, S. 98). Von großer Bedeutung ist daher ein verantwortlicher Umgang mit den fachlichen Grenzen in der Beratungs- und Betreuungsarbeit, die durch folgende Faktoren bestimmt werden:
- starke psychische Instabilität der Betreuten,
- Suizidalität der Betreuten,
- externe, systemübergreifende Begrenzungen (z. B. durch Politik und Behörden),
- Erfahrung eigener, persönlicher Grenzen.

Unter diesen Bedingungen ist das pädagogische Wirkungsfeld ausgereizt, entsprechende notwendige Lösungen können nur im interdisziplinären Feld gefunden werden. Ständige Überforderung und Verausgabung haben insbesondere bei den über das Maß hinaus engagierten PädagogInnen oft eine *Burn-out-Erkrankung* zur Folge. Das Burn-out-Syndrom, definiert als »eine körperliche, emotionale und geistige Erschöpfung aufgrund beruflicher Überlastung« (Jaggi,

2008, S. 6), wird klinisch umschrieben als »Ausgebranntsein« (Korczak, Kister u. Huber, 2010, S. 13; unter Bezug auf WHO, 2000: ICD-10, Diagnoseschlüssel Z73.0), verbunden mit einer Reihe von Symptomen wie z. B. Depressionen, aber auch Aggressionen. Werden diese

> »Überforderungsreaktionen von den Betreuenden nicht als solche erkannt oder ignoriert, entstehen von Gewalt geprägte Begegnungen, die mal versteckter oder offener ausgelebt werden, da sich die Fachkräfte selbst einer verhängnisvollen Dynamik von eigenem Bedrohtsein, unbewältigbarer Hilflosigkeit und aggressivem Abwehrverhalten ausgesetzt sehen. In diesem Sinne wird deutlich, wie wichtig gleichermaßen eine traumasensible Praxis und eine ausgeprägte Kompetenz zur Selbstfürsorge der Pädagoginnen und Pädagogen sind« (Kühn, 2012, S. 140; vgl. auch Weiß, 2009).

Ein weiteres »Berufsrisiko« liegt im Phänomen der *sekundären Traumatisierung*: Bei der Arbeit mit traumatisierten Menschen sind traumapädagogische Fachkräfte intensiv mit den geschilderten traumatischen Erlebnissen konfrontiert und können in der Folge eine »Sekundärtraumatisierung« (Daniels, 2008) ausbilden, auch »stellvertretende Traumatisierung« (Frey, 2001) oder »indirekte Traumatisierung« (McCann u. Pearlman, 1990) genannt (zur »Begriffsinflation« der sekundären Traumatisierung vgl. Lemke, 2006, S. 17; vgl. auch Rießinger, 2011, S. 16 f.). Diese »Mitgefühlserschöpfung« wird daher charakterisiert als »der Stress, der beim Versuch entsteht, einer traumatisierten oder leidenden Person zu helfen« (Figley, 1995, S. 6; Übers. v. Verf.), »wenn wir uns intensiv mit einem traumatisierten Erwachsenen oder Kind beschäftigen« (Perry, 2014, S. 10; Übers. v. Verf.). Gemeint sind damit also »Traumatisierungen, die ohne direkte sensorische Eindrücke des Ausgangstraumas und mit zeitlicher Distanz zum Ausgangstrauma entstehen« (Daniels, 2007, S. 49; vgl. bereits Daniels, 2003).

Dabei spielen die drei Faktoren Empathie, Kindling und Dissoziation eine entscheidende Rolle:
- »Ein hohes Maß an Empathiefähigkeit stellt sowohl eine notwendige Bedingung für die therapeutische Arbeit als auch einen Risikofaktor für die Entwicklung einer sekundären Traumatisierung dar. Sie ermöglicht die Übernahme von Emotionen, was wiederum zu
- Kindling, einem Vorgang der Sensitivierung emotionsverarbeitender Gehirnregionen, führt. Dieses bedingt die
- dissoziative Verarbeitung von Traumamaterial seitens der Therapeutin« (Daniels, 2008, S. 104).

Im Gegensatz zur PTBS der KlientInnen ist die sekundäre Traumatisierung der HelferInnen »eine langsam schleichende und über einen längeren Zeitraum sich entwickelnde Belastungsstörung« (Sabel u. Roschinski, 2010, S. 39).

»Zu den Symptomen gehören Depression, soziale Isolation, Unfähigkeit, die Routinearbeiten des Alltag fortzusetzen, Misstrauen, das Gefühl des verfolgt werdens, emotionale Taubheit, eine Reduzierung des Einfühlungsvermögens, Leugnen der eigenen Sorgen, Belastungen und Ängsten, Gleichgültigkeit gegenüber anderen, Entfremdung, Träume über und Erinnerung an das miterlebte Geschehen und Schlaflosigkeit« (Sabel u. Roschinski, 2010, S. 39).

Mit traumatisierten Menschen zu arbeiten, erfordert daher »traumabezogenes Fachwissen von Fachkräften aller sozialer Berufsgruppen, da sich die Auswirkungen in den Beziehungen zwischen traumatisierten Menschen und Fachkräften reproduzieren können und dies auch in der Regel geschieht« (Gahleitner et al., 2012, S. 7; vgl. auch Holderegger, 1993). Aufgrund der besonderen psychischen Belastungen ist neben der Bewältigung der täglichen Belastungen in diesem Arbeitsumfeld der »Erhalt der psychischen Unversehrtheit oder die Verhinderung von Burnout (Sekundärer Traumatisierung) … eine, vielleicht die wichtigste Kompetenz der PädagogInnen« (Weiß, 2009, S. 203; vgl. auch Figley, 2002; Gies, 2009; Pryce, Shackelford u. Pryce, 2007; Weiß, 2009; Sänger u. Udolf, 2012; Perry, 2014).

Die Arbeit mit traumatisierten Geflüchteten hält Zimmermann (2010, S. 137) daher für besonders erschwert wegen der stärkeren »Identifikation mit den Betroffenen, weil der therapeutische Schutzraum real verletzt wird«; weil es für die Fachkräfte »weniger Möglichkeiten zum Abschalten durch das hoch politische Thema gibt«; wegen der »massiven Erschütterung des Weltverständnisses«, da das Desaster »nicht nur man-made, sondern society-made« ist, da Fachkräfte und Unterstützungssysteme im Berufsalltag »ganz reale Ohnmachtserfahrungen« machen. Die dabei erlebte »oft ›himmelschreiende‹ Ungerechtigkeit erschüttert den Glauben an eine gewisse Sinnhaftigkeit« (Zimmermann, 2010, S. 137).

Möglichkeiten der Entlastung

Die wichtigsten Strategien gegen sekundäre Traumatisierung können mit dem *ABC des Schutzes vor Sekundärer Traumatisierung* (Pearlman u. Saakvitne, 1995, S. 382) zusammengefasst werden:

- A wie Achtsamkeit (awareness) für die eigenen Bedürfnisse, Grenzen und Ressourcen,
- B wie Balance zwischen Arbeit und Freizeit und
- C wie Connection (Verbindung) für den Zugang zum eigenen Selbst sowie zur Umwelt (zu anderen Menschen, aber auch Dingen und Beschäftigungen), also für den aktiven Austausch (Pearlman u. Saakvitne, 1995, S. 382 f.).

Bei der *körperlichen Selbstfürsorge* ist neben ausreichendem Schlaf, Erholung und gesunder Ernährung Sport als die bedeutendste anzusehen, da er Stress und Gesundheitsrisiken verringert und zugleich das Wohlbefinden erhöht (Pryce et al., 2007, S. 61; Yassen, 1995, S. 183). Die größte Rolle in der *sozialen Selbstfürsorge* spielen soziale Unterstützung und Netzwerke, da hierbei zugleich die Verbindung mit anderen Menschen (Yassen, 1995, S. 188) und Korrekturen der eigenen Vorstellungen erlebt werden (Pryce et al., 2007, S. 62). Als zentrale *psychische Selbstfürsorgestrategien* zählen Selbstreflexion und eine Auseinandersetzung mit der eigenen Verletzlichkeit, z. B. selbst erlebten Traumaerfahrungen, da sich Nichtverarbeitung negativ auf die Arbeit mit KlientInnen auswirkt (Williams u. Sommer, 2002, S. 219; vgl. auch Pryce et al., 2006, S. 60 f.). Als »aktive Selbstfürsorge« (Kühn, 2006, S. 20) ist Psychohygiene jedoch nicht als eine Abwehr- oder Vermeidungsstrategie der einzelnen Fachkraft zu verstehen, sondern fördert vielmehr das Interesse und die Freude an der Arbeit (Hoffmann u. Hofmann, 2008, S. 16) und trägt so auch zum Schutz der beruflichen und privaten Systeme bei, in denen sich die Fachkräfte befinden (Gies, 2009, S. 12). Ein hilfreicher Praxisvorschlag hierzu ist der Fragebogen Selbstfürsorge.

Praxistipp: Fragebogen Selbstfürsorge
Physische Selbstfürsorge
☐ Ich esse regelmäßig gesund (Frühstück, Mittagessen, Abendessen).
☐ Ich treibe Sport.
☐ Ich lasse mich regelmäßig präventiv medizinisch untersuchen.
☐ Ich lasse mich medizinisch behandeln, wenn es nötig ist.
☐ Wenn ich krank bin, gehe ich nicht zur Arbeit.
☐ Ich gönne mir Massagen.
☐ Ich tanze, schwimme, spaziere, mache Sport, singe oder tue andere physische Aktivitäten, die mir Spaß machen.
☐ Ich nehme mir Zeit für Sex, mit mir oder mit einem Partner.
☐ Ich schlafe genug.
☐ Ich trage Bekleidung, die mir gefällt.
☐ Ich fahre auf Urlaub.

- [ ] Ich bin manchmal telefonisch unerreichbar.
- [ ] Andere Dinge: …

Psychische Selbstfürsorge
- [ ] Ich nehme mir Zeit für Selbstreflexion.
- [ ] Ich gehe zur eigenen Psychotherapie.
- [ ] Ich schreibe Tagebuch.
- [ ] Ich lese Literatur, die nichts mit Arbeit zu tun hat.
- [ ] Ich tue etwas, worin ich kein/e ExpertIn und wofür ich nicht verantwortlich bin.
- [ ] Ich reduziere Stress in meinem Leben.
- [ ] Ich achte auf innere Erfahrungen: Ich höre meinen Gedanken, Meinungen, Überzeugungen und Gefühlen zu.
- [ ] Ich lasse verschiedene Seiten von mir sehen.
- [ ] Ich verbinde meine Intelligenz mit neuen Gebieten: Kunstausstellungen, Sportereignissen, Theater usw.
- [ ] Ich übe mich, Aufmerksamkeit von anderen zu empfangen.
- [ ] Ich bin neugierig.
- [ ] Ich lehne ab und zu Extraverantwortlichkeiten ab.
- [ ] Andere Dinge: …

Emotionale Selbstfürsorge
- [ ] Ich verbringe Zeit mit Menschen, deren Anwesenheit mir gut tut.
- [ ] Ich bleibe mit wichtigen Personen meines Lebens in Kontakt.
- [ ] Ich mache mir Komplimente und schätze mich.
- [ ] Ich mag mich.
- [ ] Ich lese Lieblingsbücher nochmals, sehe mir wiederholt meine Lieblingsfilme an.
- [ ] Ich entdecke angenehme Aktivitäten, Menschen, Gegenstände, Beziehungen, Orte – und gehe dorthin.
- [ ] Ich erlaube mir zu weinen.
- [ ] Ich suche Situationen und Menschen auf, mit denen ich lachen kann.
- [ ] Ich bringe meine Empörung durch soziale Aktionen, Briefe, Spenden Proteste, Demonstrationen zum Ausdruck.
- [ ] Andere Dinge: …

Professionelle Selbstfürsorge
- [ ] Ich gönne mir während der Arbeit Pausen (z. B. Mittagessen, Tee, Kaffee).
- [ ] Ich nehme mir Zeit, mit KollegInnen zu sprechen.
- [ ] Ich nehme mir Zeit, um Arbeiten abzurunden.
- [ ] Ich wähle mir Projekte aus, die ich herausfordernd und lohnend finde.

☐ Ich setze gegenüber KollegInnen Grenzen.
☐ Ich schaffe in meiner Arbeit mit KlientInnen einen Ausgleich, damit kein Teil des Tages mir zu viel wird.
☐ Ich richte meinen Arbeitsraum so ein, dass er für mich gut, bequem und einladend ist.
☐ Ich habe regelmäßig Supervision und Intervision.
☐ Ich bringe meine Bedürfnisse ein und verhandle über die Höhe meines Gehalts.
☐ Ich habe eine Gruppe KollegInnen, die mich unterstützt.
☐ Ich entwickle berufliche Interessen auf anderen Gebieten, die nichts mit Trauma zu tun haben.
☐ Andere Dinge:

Gleichgewicht
☐ Ich strebe nach Gleichgewicht in meinem Arbeitsleben und Arbeitsalltag.
☐ Ich strebe nach Gleichgewicht zwischen Arbeit, Familie, Beziehungen, Spiel und Ruhe.
☐ Andere Dinge: ...

Anleitung
Bitte lesen Sie dafür die jeweiligen Aussagen und vergeben Sie Punkte anhand der folgenden Skala:
    5 = oft, 4 = manchmal, 3 = selten, 2 = nie, 1 = trifft auf mich nicht zu.

Auswertung
Nachdem Sie den Fragebogen ausgefüllt haben, zählen Sie Ihre Punkte in den jeweiligen Kategorien zusammen. Mögliche Punkte (wenngleich weitere Punkte in jeder Kategorie durch eigene Ergänzungen möglich sind):
- physische Selbstfürsorge mind. 12–60,
- psychische Selbstfürsorge mind. 12–60,
- emotionale Selbstfürsorge mind. 9–45,
- professionelle Selbstfürsorge mind. 11–55,
- Gleichgewicht mind. 2–10.

Je höher Ihre Punktezahl in der jeweiligen Kategorie ist, desto höher ist Ihr Grad der physischen, psychischen oder eben professionellen Selbstfürsorge.
Quelle: Siebert, 2016, S. 77–80, in Anlehnung an Rothen, 2012.

Mit »Selbstfürsorge« ist jedoch keineswegs gemeint, dass die Verantwortung für Konflikte im Arbeitsumfeld allein von den Fachkräften getragen werden soll, eine ebenso große Verantwortung liegt bei den Trägern bzw. Institutionen, die zu einer Fürsorge für ihre MitarbeiterInnen umso mehr verpflichtet sind, wenn die Konfrontation mit traumatisierten Menschen zum Arbeitsalltag gehört (Pryce et al., 2007, S. 121).

Neben der *privaten Selbstfürsorge* ist daher eine *berufliche Selbstfürsorge* notwendig, deren wichtigster Schritt in der Anerkennung von Burn-out und sekundärer Traumatisierung als Berufsrisiko durch Träger und Institutionen und in Aufbau bzw. Pflege beruflicher Netzwerke besteht (Pearlman u. Saakvitne, 1995, S. 383–386). Als weitere Eckpfeiler einer gelungenen Selbstfürsorge mit Trauma konfrontierter Fachkräfte sind daher Teamarbeit, kollegiale Beratungen, Tür- und-Angel-Gespräche, Weiterbildung, Bereitstellung notwendiger Ressourcen, unterstützende Rückversicherung durch Vorgesetzte und Balance in der Arbeitsausrichtung zu sehen (Loch, 2012a, S. 106–113). Als Schutz »vor negativen und hilflosen Gefühlen« (Zimmermann, 2012, S. 245) sind neben Selbstreflexion auch »Intravision im Team und Supervision unter professioneller Begleitung« (Zimmermann, 2012, S. 245; vgl. auch Kraushofer, 2004) erforderlich; zur Entlastung einzelner Fachkräfte ist das Delegieren im Team von besonderer Relevanz (Ruhwandl, 2010).

Die drei zentralen Säulen der Selbstfürsorge (Scherwath u. Friedrich, 2016, S. 189–207) sind demnach: Selbstregulation, Selbstannahme und Selbstwirksamkeit (Abb. 25).

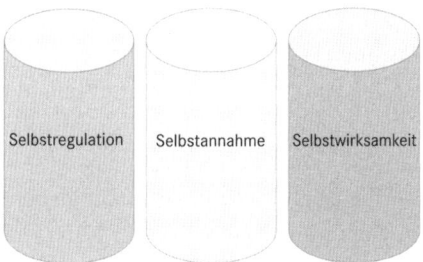

Abbildung 25: Zentrale Säulen der Selbstfürsorge (eigene Darstellung in Anlehnung an Scherwath u. Friedrich, 2016)

Möglichkeiten der Selbstregulation in herausfordernden Situationen

Sachsse (2004, S. 437) schlägt als Selbstfürsorge-Maßnahme während der Arbeit mit KlientInnen die meditative Haltung des »Sekunden-Containments« vor:

»Ich bin ganz da im Hier-und-Jetzt, aber ich stelle nur fest: So war es, jetzt ist es vorbei, es ist nicht mein Schicksal. Und auch für die Patientin ist es Vergangenheit, ist nicht gegenwärtiges Schicksal, ist vorbei. Sie kämpft mit Phantom-Gefühlen, Hirn-Gespinsten, mit Gespenstern«.

Diese Haltung sollte, so Sachsse (2004, S. 438), den KlientInnen offen erläutert werden. Des Weiteren gilt es, sich immer wieder der eigenen Motivation zur Mitarbeit im psychosozialen Spektrum zu versichern, um den Herausforderungen der täglichen Arbeit wirksam begegnen zu können. Dazu gehört es, sich der eigenen Kraftquellen bewusst zu sein und sie verfügbar zu halten. Geraten HelferInnen jedoch trotzdem in emotional überflutende Situationen, können Methoden hilfreich sein, die auch im Umgang mit KlientInnen angewandt werden, wie z. B. Imaginationsübungen.

Praxistipp: Imaginationsübungen
Imaginationen können dabei helfen, wieder Sicherheit zu erfahren. Eine hilfreiche Webseite dazu ist »refugee trauma help« (www.refugee-trauma.help), die zahlreiche Informationen, Text- und Audioübungen im PDF-/MP3-Format kostenlos zum Download bereithält. Texte und Audiodateien stehen in verschiedenen Sprachen zur Verfügung, die deutschsprachigen Versionen sind natürlich auch für ehrenamtliche oder professionelle HelferInnen nützlich.

Empathie ist in der traumapädagogischen Arbeit das zentrale Hauptwerkzeug der PraktikerInnen, macht aktive Fachkräfte aber auch gleichzeitig mit am verwundbarsten. PädagogInnen, die sich durch Aktivierung ihres eigenen Stresssystems in Notfallreaktionen befinden, benötigen selber Beruhigungsstrategien, um wieder handlungsfähig zu werden. Neurowissenschaftliche Untersuchungen (vgl. Keysers, 2013) haben ergeben, dass Menschen unwillkürlich und ohne dies bewusst zu steuern auf die Tatsache reagieren, dass eine andere Person Angst oder Stress empfindet. Dies ist als evolutionär entstandener Schutzmechanismus zu verstehen, mit dem Gefahren, die einen in der Nähe befindlichen Menschen betreffen, sensibel wahrgenommen und auch für sich selbst als Gefahr erkannt werden. Erspürt werden diese potenziellen Gefahren anhand von Parametern wie Mimik, Gestik, Körperhaltung und Bewegung. Dabei haben die Forschungen ergeben, »dass das Gehirn eines Beobachters stärker auf die Körperhaltung einer Person reagiert, die Angst verrät, als auf einen ängstlichen Gesichtsausdruck« (Levine, 2011a, S. 66).

Traumatisierte Menschen befinden sich, wie bereits beschrieben, in einem permanenten Zustand von Stress, Angst und Übererregung und damit verbunden mit dem zutiefst empfundenen Gefühl, nicht mehr sicher zu sein und dies über erhöhte Wachsamkeit und Alarmbereitschaft ausgleichen zu müssen. Überlegungen zur professionellen Selbstfürsorge sollten diese Aspekte mit einbeziehen, weil damit der Schrecken traumatischer Lebenserfahrungen, der für Betroffene dazu führt, dass sie sich auch in der aktuellen Lebenssituation nicht mehr sicher fühlen können, von helfenden Personen nicht nur wahrgenommen wird, sondern auch deren eigenes Gefahren- und Stresssystem direkt aktiviert. Dies erfordert eine aktive Wahrnehmung eigener Stressreaktionen und diesbezüglicher Steuerungsmöglichkeiten, damit daraus keine Belastungen entstehen. Es gilt demnach, sich für eigene Prozesse des sympathischen, für Gefahr und Stress ausgerichteten Nervensystems zu sensibilisieren und Möglichkeiten zu entwickeln, das parasympathische Gegensystem, das bei Aktivierung die stressbedingten Reaktionen herunterfährt, gezielt anregen zu können. Dazu bieten achtsamkeitsbasierte Wahrnehmungs- und Steuerungsübungen eine sehr gute Möglichkeit.

Praxistipp: Achtsamkeits- und Reorientierungsübungen
- Die 5-4-3-2-1-Übung (Bambach, 2003)
- Die Body2Brain ccm®-Methode nach Croos-Müller (o. J.)
- Die PEP-Klopftechnik (Bohne, 2010)
- »Das wirft mich nicht um: Mit Resilienz stark durchs Leben gehen« (Heller, 2015)

Herausforderndes Verhalten in akuten konfrontativen Situationen löst möglicherweise unmittelbare Notfallreaktionen auch bei den involvierten Fachkräften aus. Eine krisenhafte Situation oder Begegnung kann daher sehr schnell zu übergriffigem Verhalten von Bezugspersonen oder Betreuungskräften führen. Fachkräfte sollten daher dafür sorgen, dass sie sich ein sogenanntes »Puffermantra« aneignen, das ihnen einen zeitlichen Spielraum zwischen Reiz und Reaktion ermöglicht, denn »zwischen Reiz und Reaktion gibt es einen Raum. In diesem Raum hat der Mensch die Freiheit und die Fähigkeit, seine Reaktion zu wählen. In diesen Entscheidungen liegen unser Wachstum und unser Glück« (Covey, 1989/2005, S. 58). Dies gilt auch für professionelle Kontexte.

Praxistipp: »Puffermantra«
Ein Puffermantra ist eine Handlung oder eine Botschaft, die den eigenen Reaktionszeitraum erweitert. Ein einfacher Satz, wie z. B. »Ich glaube, mein Handy klingelt«, oder im Stillen langsam »21 … 22 … 23« zu zählen, kann vor einer ungewollten Reaktion schützen.

Unterstützung der Selbstannahme

Dazu zählt u. a. eine realistische Einstellung gegenüber den beruflichen Anforderungen – gelingt es, Konflikte und damit das Leiden als Teil des beruflichen Alltags zu akzeptieren, so führt dies zu einer spürbaren Entlastung (Mitransky, 1990, S. 330; vgl. auch Weiß, 2009, S. 205 f.). Es gilt aber, sensibel zu bleiben für Überforderungen (Küchendorf, 1999, S. 151), mit eigenen Grenzen und Alarmsignalen achtsam umzugehen.

Praxistipp: »Regentagebrief«

Damit ist ein Brief aus guten Zeiten an sich selber für schlechte Zeiten gemeint. In diesem Brief sollte Folgendes enthalten sein:
- eine Liste von Dingen, um sich wohl zu fühlen,
- eine Liste von Menschen, die wertvoll sind und wertgeschätzt werden,
- eine Liste von Eigenschaften, die man an sich selber mag,
- eine Liste von Dingen, die man noch erleben möchte.

Dieser Brief sollte an einem Ort aufbewahrt werden, wo er an »Regentagen« leicht wieder gefunden werden kann (Scherwath u. Friedrich, 2016, S. 201).

Ein weiterer Aspekt im Rahmen der Selbstannahme liegt in der Beschäftigung mit den eigenen Ressourcen auf der einen und den selbstkritischen Anteilen auf der anderen Seite. Dazu ist es hilfreich, sich regelmäßig eine Reflexionszeit zu erschließen und diese auch wahrzunehmen und zu pflegen (vgl. hierzu die Anleitung zum pädagogischen Tagebuch im Anhang dieses Buches, S 159).

Erfahrungen der Selbstwirksamkeit

Selbstwirksamkeit ist zu verstehen als »das Empfinden, mit den eigenen Entscheidungen und Handlungen Einfluss auf die Gestaltung der Umwelt und damit auf den Verlauf des eigenen Lebens nehmen zu können« (Scherwath u. Friedrich, 2016, S. 203). In den Hilfen für geflüchtete Menschen ist die Wahrnehmung der eigenen Selbstwirksamkeit durch plötzliche Abbrüche der Hilfen hochgradig gefährdet. Deshalb unterstützen im beruflichen Kontext Selbsthilfegruppen, Prozessbegleitung sowie (Einzel- und Gruppen-)Supervision die einzelne Fachkraft darin, eigene wie auch die Grenzen des Gegenübers zu erkennen bzw. zu akzeptieren und sich Gefühle von Übertragung bzw. Gegenübertragung bewusst zu machen (Lemke, 2006). So lässt sich der Angst, nichts mehr im Griff zu haben und von den traumatischen Eindrücken überflutet zu werden, entgegenwirken (Scherwath u. Friedrich, 2016, S. 203). Genauso wichtig ist es aber für HelferInnen auch, im persönlichen, privaten Lebensbereich

Wirksamkeitserfahrungen zu gestalten, denn diese werden von ihnen unter Stresseinfluss häufig als erstes vernachlässigt. Dazu zählt u. a.:
- Kümmern um und Pflege von Partnerschaft, Familie und FreundInnenkreis,
- Selbstausdruck und nichtprofessionelles ExpertInnentum im eigenen Hobby, in künstlerischen und musischen Gestaltungsweisen, im Sport,
- Planung und Verfolgung privater Lebensziele,

denn Selbstwirksamkeit »ist in hohem Maße mit Lebenszufriedenheit und psychischem Wohlbefinden verbunden« (Scherwath u. Friedrich, 2016, S. 203).

Praxistipp: Wenn Fachkräfte trauern müssen
Die pädagogische Begleitung und Betreuung von Kindern und Jugendlichen mit Fluchterfahrungen kann durch die behördliche Entscheidung zur Abschiebung ein jähes Ende finden. Wenn ein Kind über Nacht »verschwindet«, löst dies eventuell gravierende emotionale Reaktionen bei den zurückbleibenden Kindern und Erwachsenen in der Kita-Gruppe, Schulklasse, Wohngruppe oder Maßnahme aus: Andere geflüchtete Kinder können verängstigt sein, dass ihnen Ähnliches passieren könnte, sie vermissen die »Verschwundenen«, und die MitarbeiterInnen haben eventuell Schwierigkeiten, den Überblick zu behalten und angemessene Erklärungen anzubieten. In diesem Fall sind Zeit und Möglichkeiten für Trauerarbeit notwendig. Was in einem solchen Fall helfen kann:
- Einen Gegenstand als Symbol für die Trauer finden und mehrfach am Tag entscheiden, was dafür der richtige Umgang ist. Soll er dabei sein oder irgendwo warten? Wo ist ein guter Ort dafür?
- Eine Skala für die Trauer aufmalen: Wo bin ich gerade? Wie viel Trauer kann ich gut aushalten? Wo ist der kritische Punkt? Was tut mir dann gut? Liste erstellen und Trauernotfallkoffer packen.
- Was von dem, worüber ich trauere, möchte ich auf keinen Fall vergessen? Welches Symbol kann ich dafür finden?
- Was würde der Mensch, um den ich trauere, jetzt an mir Positives erkennen? Woran hätte er jetzt Freude? (White, 1988/2005)
- Tagebuch schreiben und Trauerritual gestalten.

Schlusswort

Es weht mittlerweile ein rauer Wind in Deutschland für Menschen, die auf der Flucht sind und für diejenigen, die ihnen helfen. Orte sind nicht mehr sicher, wenn man nicht mehr gehört wird. In den vergangenen Monaten, in denen dieses Buch entstand, hat sich die politische Lage entscheidend verändert. Es kommen deutlich weniger Menschen, durch Flucht und Vertreibung gezwungen, nach Deutschland, aber nicht, weil es weniger Personen geworden sind, die flüchten, sondern weil die Grenzen nach Europa zunehmend undurchdringlicher werden. Im Grunde kann dies eigentlich nur als humanitäre Katastrophe bezeichnet werden, denn je weniger Menschen Schutz und Sicherheit im europäischen Exil finden können, desto größer wird die Zahl derer, die sich wieder gezwungen sehen, riskante Todesrouten z. B. über das Mittelmeer zu wählen. Auf gar keinen Fall aber ist es eine Lösung, auf welche die reichen europäischen Nationalstaaten stolz sein sollten. Zudem nehmen auch die professionellen und ehrenamtlichen HelferInnen Veränderungen in ihrer täglichen Arbeit mit geflüchteten Kindern und Jugendlichen wahr, denn es sind nicht länger Einzelfälle, in denen auch sie Opfer von Beleidigungen, Pöbeleien und Bedrohungen werden.

Warum ist in den Medien eigentlich ständig nur noch die Rede davon, »die Ängste der Bevölkerung ernst zu nehmen«? Warum sagt stattdessen niemand, was diese Ängste im Grunde sind, nämlich nichts anderes als latenter oder offener Rassismus? Angst entsteht durch das, was dem Individuum fremd ist. Es sollte also nicht über Angst gesprochen werden, sondern über den Umgang mit Fremdheit (zur Verbindung von Angst und Fremdheit vgl. den eindrucksvollen Essay von Bauman, 2016).

Was beeinträchtigt die Entwicklung eines interkulturellen Denkens, und was löst stattdessen Hilflosigkeit aus, die abgewehrt werden muss? Ist die Verführung durch einfache Antworten auch ein Weg, um sich vor den grauenhaften Schicksalen der Betroffenen zu schützen? Und umgekehrt, stellt eine Individualisierung der Auswirkungen von Krieg, Flucht und Vertreibung nicht ebenso die

Gefahr eines professionellen Rassismus dar, in dem ich dem betroffenen Kind oder Jugendlichen vermittele, »mit dir stimmt etwas nicht, du bist krank!«, um es in isolierte Behandlungsprozesse zu bringen?

»A prerequisite for the regeneration of waraffected societies is rejection of their pathologisation« (Pupavac, 2002, S. 507). Die unmenschlichen Erfahrungen im Verlauf der Flucht sind als kollektives Gewalterleben zu verstehen, welches also auch kollektive Hilfen zur Bewältigung benötigt. Dazu bieten sich die unterschiedlichsten pädagogischen Arbeitsfelder an, in denen die Bearbeitung traumatischer Erlebnisse nicht allein der einzelnen Person aufoktroyiert wird, sondern in der Erfahrung dabei Teil einer Gruppe, einer Gemeinschaft zu sein, eine ganz andere Wirksamkeit entfalten kann. Umso bedeutsamer erscheint somit die Notwendigkeit gut reflektierter Angebote in Kita, Schule und Betreuungsangeboten, um dieser Vielschichtigkeit gerecht zu werden. Dazu gehört ebenso eine klare sozialpolitische Positionierung der Fachkräfte und ihrer Verbände, um eine dringende Verbesserung der personellen und finanziellen Ressourcen für die tägliche Arbeit mit den Kindern und Jugendlichen zu erstreiten.

»Es gibt zu viele Flüchtlinge, sagen die Menschen. Es gibt zu wenig Menschen, sagen die Flüchtlinge« (Ferstl, 1995/o. J.).

Wir möchten uns an dieser Stelle bei all denen bedanken, die uns in den vergangenen Monaten bei der Erstellung dieses Buches geholfen haben: An erster Stelle bei all den Mädchen und Jungen, die Unsägliches in ihrem jungen Leben ertragen mussten und von denen wir in den letzten Jahren so viel zum Thema Überlebenswille und Lebensmut lernen durften. Persönlich gilt unser Dank besonders Ilona Oestreich, die uns mit ihrem Fachwissen und tatkräftiger Unterstützung so manches Mal den Mut zurückgegeben hat, dieses Buch fertig zu schreiben.

Literatur

Abdallah-Steinkopff, B. (2016). Kultursensible Elternberatung bei Flüchtlingsfamilien und deren Hintergründe. KiTa aktuell Recht, 14 (1), 30–32. Zugriff am 25.09.2016 unter http://www.erzieherin.de/files/paedagogischepraxis/69332601_KiTa_Recht_Abdallah.pdf

Adam, H. (2009). Seelische Probleme von Migrantenkindern und ihren Familien. Praxis der Kinderpsychologie und Kinderpsychiatrie, 58 (4), 244–262. Zugriff am 25.09.2016 unter http://psydok.sulb.uni-saarland.de/volltexte/2013/4889/pdf/58.20094_2_48895.pdf

Adam, H., Inal, S. (2013). Pädagogische Arbeit mit Migranten- und Flüchtlingskindern. Unterrichtsmodule und psychologische Grundlagen. Weinheim: Beltz

Ahlheim, K., Heger, B. (1999). Der unbequeme Fremde: Fremdenfeindlichkeit in Deutschland – empirische Befunde. Walbach: Wochenschau

Ahlheim, K., Heger, B. (2001). Vorurteile und Fremdenfeindlichkeit: Handreichungen für die politische Bildung (3., unveränd. Aufl.). Schwalbach: Wochenschau (Erstaufl. erschienen 1998)

Ahnert, L. (2010). Wieviel Mutter braucht ein Kind? Bindung – Bildung – Betreuung: öffentlich und privat. Heidelberg: Spektrum Akademischer Verlag

Ainsworth, M. D. S. (1973). The development of infant-mother attachment. In B. M. Caldwell, H. N. Riciutti (Hrsg.), Review of child development research. Vol. 3: Child development and social policy (S. 1–94). New York: Russell Sage Foundation

Ainsworth, M. D. S. (1977). Infant development and mother-infant interaction among Ganda and American families. In P. H. Leideman, S. R. Tulkin, A. Rosenfeld (Hrsg.), Culture and infancy: Variations in human experience (S. 119–149). New York: Academic Press

Almqvist, K. (1997). Refugee children. Effects of organized violence and forced migration on young children's psychological health and development. Dissertation. Göteborg: Göteborg University, Department of Psychology

Altenbockum, J. v. (2015). Asylpaket vorerst gescheitert. Frankfurter Allgemeine Zeitung, 22.11.2015. Zugriff am 11.6.2016 unter http://www.faz.net/aktuell/politik/fluechtlingskrise/ zweites-asylpaket-vorerst-gescheitert-13925835.html

Andermann, L., Dremetsikas, T. (2014). Trauma-informed community support model for survivors of torture and war. Vortrag bei der Trauma Talks Converence am 30.05.2014. Zugriff am 12.9.2016 unter http://www.traumatalks.ca/2014/Trauma%20Talks%202014%20-%20Workshop%20A%20-%20Lisa%20Andermann%20-%20website.pdf

Anonym (2016). Mehrdeutige Gesten: Welche Handzeichen Sie im Ausland besser nicht machen. Frankfurter Rundschau, 22.7.2016. Zugriff am 21.9.2016 unter http://www.fr-online.de/reise/mehrdeutige-gesten-welche-handzeichen-sie-im-ausland-besser-nicht-machen,1472792,27684336.html

Arendt, H. (1986). Wir Flüchtlinge. In H. Arendt, Zur Zeit. Politische Essays. Berlin: Rotbuch (englisches Original erschienen 1943)

Arnold, E. (2016). Migration und die Auswirkungen zerbrochener Familienbindungen. In K. H. Brisch (Hrsg.), Bindung und Migration (S. 83–100). Stuttgart: Klett-Cotta

Aroche, J., Coello, M. (2016). Das komplexe Wechselspiel zwischen Bindung, Kultur und Flüchtlingstrauma – eine Herausforderung für die klinische Praxis. In K. H. Brisch (Hrsg.), Bindung und Migration (S. 129–158). Stuttgart: Klett-Cotta

BAG Mädchenpolitik (2015). Mehr Aufmerksamkeit für geflüchtete Mädchen und junge Frauen. Fachliche Positionierung mit Handlungsempfehlungen der BAG Mädchenpolitik e. V. zur Verbesserung der Lebenssituation geflüchteter Mädchen und junger Frauen in Deutschland. Berlin: BAG Mädchenpolitik. Zugriff am 26.9.2016 unter http://www.maedchenpolitik.de/files/Dateien/Verschiedenes/2015-BAG-Positionspapier_Gefluechtete-Maedchen_und_junge-Frauen_2.pdf

Balmès, T. (2010). Babys. Film, 79 Minuten, Frankreich. Berlin: Studiocanal

Baraitser, M. (2014). Reading and expressive writing with traumatised children, young refugees and asylum seekers. London: Kingsley

Bambach, S. (2003). Die 5-4-3-2-1-Übung. Zugriff am 12.8.2016 unter http://www.traumatherapie.de/users/bambach/hydratext.html

Barth, G. M. (2005). Trauma und Migration – ein Teufelskreis? Die psychische Situation traumatisierter Migrantenkinder. Vortrag am 22.4.2005. Zugriff am 7.1.2016 unter https://www.medizin.uni-tuebingen.de/ppkj/Download/Trauma_und_Migration.pdf

Bauman, Z. (2016). Die Angst vor den anderen. Ein Essay über Migration und Panikmache. Frankfurt: Suhrkamp

Becker, D. (2006a). Die Erfindung des Traumas – verflochtene Geschichten. Berlin: Edition Freitag

Becker, D. (2006b). Flucht: Sequentielle Traumatisierung und Stigma. In Flüchtlingsrat Schleswig-Holstein (Hrsg.), Traumatisierung und Qualifizierung – ein Widerspruch? Chancen und Herausforderungen bei der Integration von traumatisierten Flüchtlingen. Dokumentation der Fachtagung am 24. Januar 2006 in Rendsburg (S. 11–24). Kiel: Flüchtlingsrat Schleswig-Holstein. Zugriff am 14.1.2016 unter http://www.themenpool-migration.eu/download/themenpool_trauma-qualif.pdf

Becker, D., Weyermann, B. (2006). Gender, Konflikttransformation und der psychosoziale Ansatz. Arbeitshilfe. Bern: DEZA. Zugriff am 9.7.2016 unter http://opsiconsult.com/wp-content/uploads/18228751271636.pdf

Belajouza, I. (2016). Psychotherapeutische Arbeit mit Kindern und Jugendlichen aus arabischen Familien. In K. H. Brisch (Hrsg.), Bindung und Migration (S. 159–170). Stuttgart: Klett-Cotta

Berceli, D. (2005). Körperübungen für die Traumaheilung. Elsfleth: NIBA

Berry, J. W. (1997). Immigration, acculturation and adaptation. Applied Psychology: An International Review, 46 (1), 5–34

Berthold, T. (2014). In erster Linie Kinder. Flüchtlingskinder in Deutschland. Köln: Deutsches Komitee für UNICEF. Zugriff am 5.10.2016 unter http://www.unicef.de/blob/56282/fa13c2eefcd41dfca5d89d44c72e72e3/fluechtlingskinder-in-deutschland-unicef-studie-2014-data.pdf

Bestmann, S. (2009). Welche Herausforderungen stellen Familien mit Migrationshintergrund an die Jugendhilfe und wie geht sie damit um? In Arbeitsgruppe Fachtagungen Jugendhilfe im Deutschen Institut für Urbanistik (Hrsg.), Kinder- und Jugendhilfe (nicht) nur für Deutsche?! Interkulturelle Arbeit im Sozialraum; Dokumentation der Fachtagung am 29. und 30. Januar 2009 in Berlin (S. 13–26). Berlin: Deutsches Institut für Urbanistik. Zugriff am 5.10.2016 unter http://edoc.difu.de/edoc.php?id=D50U9Y4M

Betzholz, D., Hinrichs, P., Kensche, C. (2015). Die Tragödie der Kinder-Flüchtlinge. Die Welt, 20.4.2015. Zugriff am 7.1.2016 unter http://www.welt.de/vermischtes/article139802318/Die-Tragoedie-der-Kinder-Fluechtlinge.html

Bohne, M. (2010). Aktivierung von (neuronaler) Selbstorganisation und Verbesserung der Selbstbeziehung durch PEP. Eine integrative Beschleunigungstechnik für Coaching, emotionale Selbsthilfe und Psychotherapie. Vortrag bei der Jahrestagung »Vom guten Leben in schwierigen Zeiten« der Deutschen Gesellschaft für Systemische Therapie, Beratung und Familientherapie (DGSF), 16.-18.9.2010 in Heidelberg. Zugriff am 12.8.2016 unter http://klopfen-mit-pep.com/fileadmin/user_upload/pdf/DGSF.pdf

Bohne, M. (2011). Bitte klopfen! Anleitung zur emotionalen Selbsthilfe. Heidelberg: Carl Auer

Bonnano, G. A. (2004). Loss, trauma and human resilience. Have we underestimated the human capacity to thrive after extremely aversive events? American Psychologist, 59 (1), 20–28. Zugriff am 13.6.2016 unter https://www.tc.columbia.edu/faculty/gab38/faculty-profile/files/americanPsychologist.pdf

Bowlby, J. (1969). Attachment and loss. Bd. 1: Attachment. New York: Basic Books

Braches-Chyrek, R. (2010). Die Schuld der Normalität. Widersprüche, 33 (4 [Nr. 118]), 49–61

Bræin, M. K., Christie, H. J. (2011). Therapy with unaccompanied refugees and asylum-seeking minors. Today's Children als Tomorrow's Parents (special ed.), 102–116. Zugriff am 8.1.2016 unter http://sor.rvts.no/filestore/Filarkiv/Dokumenter/Fagstoff/Barnevern/Children_and_Trauma_9.pdf

Brisch, K. H. (2003). Bindungsstörungen und Trauma. Grundlagen für eine gesunde Bindungsentwicklung. In K. H. Brisch (Hrsg.), Bindung und Trauma. Risiken und Schutzfaktoren für die Entwicklung von Kindern (S. 105–135). Stuttgart: Klett-Cotta

Brisch, K. H. (2009). Bindungsstörungen. Von der Bindungstheorie zur Therapie (9., vollst. überarb. u. erw. Aufl.). Stuttgart: Klett-Cotta

Brisch, K. H. (2016a). Das MOSES®-Therapiemodell. Ergebnisse einer Pilotstudie über die Effekte stationärer Intensivpsychotherapie mit bindungstraumatisierten Kindern. In K. H. Brisch (Hrsg.), Bindungstraumatisierungen. Wenn Bindungspersonen zu Tätern werden (S. 217–236). Stuttgart: Klett-Cotta

Brisch, K. H. (2016b). Migration und internationale Adoption: Psychotherapie zwischen den Kulturen. In K. H. Brisch (Hrsg.), Bindung und Migration (S. 249–285). Stuttgart: Klett-Cotta

Bürli, A. (2011). Behinderung als Fremdheit. Zeitschrift für Heilpädagogik, 62 (1), 27–36

BT-Drs. 18/5564 (Deutscher Bundestag. Drucksache vom 15.07.2015) (2015). Antwort der Bundesregierung auf die Große Anfrage der Abgeordneten Luise Amtsberg, Beate Walter-Rosenheimer, Dr. Franziska Brantner, weiterer Abgeordneter und der Fraktion BÜNDNIS 90/DIE GRÜNEN. Berlin: Deutscher Bundestag. Zugriff am 11.6.2016 unter http://dipbt.bundestag.de/dip21/btd/18/055/1805564.pdf

Bukow, W.-D. (1994). Zur gesellschaftlichen und politischen Konstruktion ethnischer Minderheiten. In Friedrich-Ebert-Stiftung (FES) (Hrsg.), Minderheiten- und Antidiskriminierungspolitik: Alternativen zur Integration? (S. 7–25). Bonn: FES. Zugriff am 12.9.2016 unter http://library.fes.de/fulltext/asfo/01019001.htm

Bundesfachverband Unbegleitete Minderjährige Flüchtlinge (BumF) (2014). Kinderrechte für junge Flüchtlinge umsetzen! Konsequenzen aus den Abschließenden Beobachtungen des UN-Ausschusses für die Rechte des Kindes. Berlin: BumF. Zugriff am 5.10.2016 unter http://www.b-umf.de/images/kinderrechte_umsetzen_2014_web.pdf

Bundesfachverband Unbegleitete Minderjährige Flüchtlinge (BumF) (2016a). Asylpaket II: Schnellverfahren und »besondere Aufnahmeeinrichtungen« verstoßen gegen die UN-Kinderrechtskonvention. Pressemitteilung. Berlin: BumF. Zugriff am 11.3.2016 unter http:// www.b-umf.de/images/PM_Asylpaket_II.pdf

Bundesfachverband Unbegleitete Minderjährige Flüchtlinge (BumF) (2016b). Bildung. Berlin: BumF. Zugriff am 11.3.2016 unter http://www.b-umf.de/de/themen/bildung

Bundesfachverband Unbegleitete Minderjährige Flüchtlinge (BumF) (2016c). Sonderlager, Familientrennung, Abschiebung trotz Gefahren: Flüchtlingskinder sind Leidtragende der Kabinettsbeschlüsse. Berlin: BumF. Zugriff am 11.3.2016 unter http://www.b-umf.de/images/20160204_PM_Asylpaket2.pdf

Bundesministerium für Familie, Senioren, Frauen und Jugend (BMFSFJ) (2015). Kinder und Jugendliche schützen und integrieren. Pressemitteilung vom 15.10.2015. Berlin: BMFSFJ. Zugriff am 11.6.2016 unter http://www.bmfsfj.de/BMFSFJ/Presse/pressemitteilungen,did= 220224.html

Bundesverfassungsgericht (2012). Leitsätze zum Urteil des Ersten Senats vom 18. Juli 2012. 1 BvL 10/10–1 BvL 2/11. Karlsruhe: Bundesverfassungsgericht. Zugriff am 9.3.2016 unter https://www.bundesverfassungsgericht.de/SharedDocs/Entscheidungen/DE/2012/07/ls20120718_1bvl001010.html

Burkhardt-Mußmann, C. (2015). Erste Schritte – Ein psychoanalytisch fundiertes Frühpräventionskonzept oder Räume, die Halt geben. In C. Burkhardt-Mußmann (Hrsg.), Räume, die Halt geben. Psychoanalytische Frühprävention mit Migrantinnen und ihren Kleinkindern (S. 31–60). Frankfurt: Brandes & Apsel

Busch, B., Reddemann, L. (2013). Mehrsprachigkeit, Trauma und Resilienz. Zeitschrift für Psychotraumatologie, Psychotherapiewissenschaft und Psychologische Medizin, 11 (3), 23–33. Zugriff am 12.09.2016 unter http://www.luise-reddemann.de/fileadmin/content/downloads/aufsaetze-vortraege/Artikel_Birgitta_Busch_ZPPM_3-2013.pdf

Butollo, W., Gavranidou, M. (1999). Intervention nach traumatischen Ereignissen. In R. Oerter, C. v. Hagen, G. Röper, G. Noam (Hrsg.), Klinische Entwicklungspsychologie (S. 459–477). Weinheim: Beltz – PsychologieVerlagsUnion

Cicchetti, D. (1999). Entwicklungspsychopathologie: Historische Grundlagen, konzeptionelle und methodische Fragen, Implikationen für Prävention und Intervention. In C. v. H. Rolf Oerter, Gisela Röper & Gil Noam (Hrsg.), Klinische Entwicklungspsychologie (S. 11–44). Weinheim: Beltz – PsychologieVerlagsUnion

Cloitre, M., Cohen, L. R., Koenen, K. C. (2014). Sexueller Missbrauch und Misshandlung in der Kindheit. Ein Therapieprogramm zur Behandlung komplexer Traumafolgen. Göttingen: Hogrefe (englisches Original erschienen 2006)

Cohen, Y. (2005). Frühe Entwicklung und Migrationsprozesse. In P. Bründl, I. Kogan (Hrsg.), Kindheit jenseits von Trauma und Fremdheit. Psychoanalytische Erkundungen von Migrationsschicksalen im Kindes- und Jugendalter (S. 17–29). Frankfurt: Brandes & Apsel

Cori, J. L. (2015). Das große Trauma-Selbsthilfebuch. Symptome verstehen und zurück ins Leben finden. München: Kösel

Covey, S. R. (2005). Die 7 Wege zur Effektivität. Prinzipien für persönlichen und beruflichen Erfolg. Offenbach: Gabal (englisches Original erschienen 1989)

Croos-Müller, C. (o. J.). Die Body2Brain Methode. Zugriff am 12.8.2016 unter http://www.croosmueller.de/bodytobrainmethode.html

Croos-Müller, C. (2015). Kraft: Der neue Weg zu innerer Stärke. Ein Resilienztraining: Kösel.

Dahn, D. (2015). Der Schnee von gestern ist die Flut von heute. Die historische Verantwortung des Westens für die Flüchtlinge. In A. Reschke (Hrsg.), Und das ist erst der Anfang. Deutschland und die Flüchtlinge (S. 81–96). Reinbek: Rowohlt

Daniels, J. (2003). Sekundäre Traumatisierung – kritische Prüfung eines Konstruktes anhand einer explorativen Studie. Diplomarbeit. Bielefeld: Universität Bielefeld

Daniels, J. (2007). Eine neuropsychologische Theorie der Sekundären Traumatisierung. Zeitschrift für Psychotraumatologie, Psychotherapiewissenschaft und Psychologische Medizin, 5 (3), 49–61

Daniels, J. (2008). Sekundäre Traumatisierung, Eine Interviewstudie zu berufsbedingten Belastungen von Therapeuten. Psychotherapeut, 53 (2), 100–107

Denkowski, C. v. (2015). Das Trauma nach der Flucht. Spektrum.de, 6.10.2015. Zugriff am 7.1.2016 unter http://www.spektrum.de/news/das-trauma-nach-der-flucht/1369633

Deutsche Gesellschaft für Sozialpädiatrie und Jugendmedizin (DGSPJ) (2015). Medizinische Versorgung minderjähriger Flüchtlinge in Deutschland: Eine neue große Herausforderung für die Kinder- und Jugendmedizin. Pressegespräch am 1.9.2015. Berlin: DGSPJ. Zugriff am 11.6.2016 unter http://www.dgkj.de/fileadmin/user_upload/images/Presse/Jahrestagung_2015/1509_DGSPJ.pdf

Deutscher Kinderschutzbund (DKSB) (2015). Menschen auf der Flucht brauchen Schutz und unser Willkommen! Resolution des Deutschen Kinderschutzbundes vom 16.5.2015. Berlin: DKSB. Zugriff am 11.6.2016 unter http://www.dksb.de/images/web/Resolution_Fluechtlinge_ 2015.pdf

Deutsches Kinderhilfswerk (DKHW) (2015). Deutsches Kinderhilfswerk: Deutschland braucht einen Masterplan für die Aufnahme und Integration von Flüchtlingskindern. Pressemitteilung vom 8.9.2015. Berlin: DKHW. Zugriff am 7.1.2016 unter http://www.presseportal.de/pm/ 105473/3116697

Deutsches Kinderhilfswerk (DKHW) (2016). Flüchtlingskinder in Deutschland. Berlin: DKHW. Zugriff am 11.6.2016 unter https://www.dkhw.de/unsere-arbeit/aktuelle-projekte/fluechtlingskinder

Devisch, R., Gailly, A. (1985). Dertlesmek. A therapeutic self help group among Turkish woman. Psichiatria e psicoterapia analitica, 4 (4), 133–151

Dieckhoff, P. (2010). Einführung. In P. Dieckhoff (Hrsg.), Kinderflüchtlinge. Theoretische Grundlagen und berufliches Handeln (S. 15–20). Wiesbaden: VS. Zugriff am 21.1.2016 unter https://download.e-bookshelf.de/download/0000/0175/34/L-G-0000017534-0002372667.pdf

Diez, G. (2016). Philosophie des Flüchtlings. Spiegel Online, 6.3.2016. Zugriff am 11.4.2016 unter http://www.spiegel.de/kultur/gesellschaft/diez-kolumne-die-fluechtlingskrise-eine-krise-der-weltanschauung-a-1080893.html

Ding, U. (2013a). Trauma und Schule. Was lässt Peter wieder lernen? Über unsichere Bedingungen und sichere Orte in der Schule. In J. Bausum, L. Besser, M. Kühn, W. Weiß (Hrsg.), Traumapädagogik. Grundlagen, Arbeitsfelder und Methoden für die pädagogische Praxis (3., durchges. Aufl.; S. 56–67). Weinheim: Beltz Juventa

Ding, U. (2013b). Trommeln gegen Trauma. Der Einsatz von Congas in der Arbeit mit traumatisierten Kindern. In J. Bausum, L. Besser, M. Kühn, W. Weiß (Hrsg.), Traumapädagogik. Grundlagen, Arbeitsfelder und Methoden für die pädagogische Praxis (3., durchges. Aufl.; S. 208–219). Weinheim: Beltz Juventa

Ding, U. (2014). »Ich kann mir sowieso nichts merken, also brauche ich auch nicht hin!« Wie kann Schule dissoziierende Kinder verstehen und im Lernen unterstützen? In W. Weiß, E. K. Friedrich, E. Picard, U. Ding (Hrsg.), »Als wär ich ein Geist, der auf mich runter schaut«. Dissoziation und Traumapädagogik (S. 166–222). Weinheim: Beltz Juventa

Dörrlamm, M. (2006). Professionelle Nähe – auf Distanz zum Status quo. Widersprüche, 26 (2), 155–160. Zugriff am 6.10.2016 unter http://www.widersprueche-zeitschrift.de/IMG/pdf/widersprueche_100.pdf

Dolto, F. (1989). Mein Leben auf der Seite der Kinder. Eine ungewöhnliche Therapeutin erzählt. München: Kösel (französisches Original erschienen 1985)

Drieschner, E. (2011). Bindung und kognitive Entwicklung – ein Zusammenspiel. Ergebnisse der Bindungsforschung für eine frühpädagogische Beziehungsdidaktik. Eine Expertise der Weiterbildungsinitiative Frühpädagogische Fachkräfte (WiFF). München: WIFF. Zugriff am 6.10.2016 unter http://www.weiterbildungsinitiative.de/uploads/media/WiFF_Expertise_13_Drieschner_Internet.pdf

Drobinski, M. (2015). Warum wir eine neue Friedensdebatte brauchen. Süddeutsche Zeitung, 24.12.2015. Zugriff am 11.4.2016 unter http://www.sueddeutsche.de/politik/jahr-der-kaempfe-warum-wir-eine-neue-friedensdebatte-brauchen-1.2795160

Ennulat, G. (2010). Trauerkultur in der Familie. In IFP – Staatsinstitut für Frühpädagogik (Hrsg.), Online-Familienhandbuch. München: IFP. Zugriff am 30.09.2016 unter http://www.familienhandbuch.de/familie-leben/schwierige-zeiten/tod-trauer/trauerkulturinderfamilie.php (Original erschienen 2002)

Europäische Union (EU). (2010). Charta der Grundrechte der Europäischen Union (2010/C 83/02). Amtsblatt der Europäischen Union, 30.3.2010, 389–403. Zugriff am 11.6.2016 unter http://www.europarl.de/resource/static/files/europa_grundrechtecharta/_30.03.2010.pdf (proklamiert am 7.12.2000)

Fegert, J. M., Besier, T., Goldbeck, L. (2008). Positionspapier: Kinder und Jugendliche mit psychischen Störungen in der stationären Jugendhilfe. Das Jugendamt, 81 (4), 187–192

Ferstl, E. (o. J.). Top ten. Zöbern, Österreich: Ferstl. Zugriff am 10.10.2016 unter http://gedanken.heimat.eu/fotosundtexte.htm (Original erschienen 1995)

Figley, C. R. (1995). Compassion fatigue as secondary traumatic stress disorder: An overview. In C. R. Figley (Ed.), Compassion fatigue. Coping with secondary traumatic stress disorder in those who treat the traumatized (pp. 1–20). New York: Brunner/Mazel

Figley, C. R. (2002). Epilogue. In C. R. Figley (Ed.), Treating compassion fatigue (pp. 213–218). New York: Brunner-Routledge

Fischer, G., Riedesser, P. (2009). Lehrbuch der Psychotraumatologie (4., aktual. u. erw. Aufl.). München: Reinhardt

Frey, C. (2001). Die unheimliche Macht des Traumas: Interaktionelle Aspekte in der Betreuung von Folter- und Kriegsofern. In M. Verwey (Hrsg.), Trauma und Ressourcen (S. 109–124). Berlin: VWB

Frieters-Reermann, N., Jere, T., Kafunda, M., Moerschbacher, M., Morad, H., Neuß, B., Offner, M., Westermann, A. (2013). Für unser Leben von morgen. Eine kritische Analyse von Bildungsbeschränkungen und -perspektiven minderjähriger Flüchtlinge. Aachen: Kindermissionswerk. Zugriff am 30.9.2016 unter https://www.missio-hilft.de/media/angebote/presse/2013_5/studie-flucht-kmw-missio.pdf

Gahleitner, S. B. (2005a). Neue Bindungen wagen. Beziehungsorientierte Therapie bei sexueller Traumatisierung. München: Reinhardt

Gahleitner, S. B. (2005). Sexuelle Gewalt und Geschlecht. Hilfen zur Traumabewältigung bei Frauen und Männern. Gießen: Psychosozial

Gahleitner, S. B., Loch, U., Schulze, H. (2012). Psychosoziale Traumatologie – eine Annäherung. In H. Schulze, U. Loch, S. B. Gahleitner (Hrsg.), Soziale Arbeit mit traumatisierten Menschen. Plädoyer für eine Psychosoziale Traumatologie (S. 6–53). Baltmannsweiler: Schneider

Garbe, E. (2015). Das kindliche Entwicklungstrauma verstehen und bewältigen. Stuttgart: Klett-Cotta

Gavranidou, M., Niemiec, B., Magg, B., Rosner, R. (2008). Traumatische Erfahrungen, aktuelle Lebensbedingungen im Exil und psychische Belastung junger Flüchtlinge. Kindheit und Entwicklung, 17 (4), 224–231. Zugriff am 14.1.2016 unter http://www.psy.lmu.de/pbi/personen/ehemalige/rosner_rita/downloads/gavranidou_rosner_08.pdf

Gierlichs, H. W. (2016). Abschiebung trotz Trauma? Medizinische Gutachten in aufenthaltsrechtlichen Verfahren. Dr. med. Mabuse, 40 (1 [Nr. 219]), 35–37

Gies, H. (2009). Sekundäre Traumatisierung und Mitgefühlserschöpfung am Beispiel familienähnlicher stationärer Betreuungen in der Jugendhilfe. Dortmund: Wellenbrecher. Zugriff am 12.7.2016 unter http://www.wellenbrecher.de/pdf/OnlineInfo34.pdf

Gillen, G. (2015). Warum? Woher? Wohin? Menschen auf der Flucht – ein erster Überblick. In A. Reschke (Hrsg.), Und das ist erst der Anfang: Deutschland und die Flüchtlinge (S. 41--54). Reinbek: Rowohlt

Glitz, P. (2015). Mammutaufgabe für Jugendämter. tagesschau.de, 29.9.2015. Zugriff am 11.6.2016 unter https://www.tagesschau.de/inland/minderjaehrige-fluechtlinge-107.html

Gravelmann, R. (2016). Unbegleitete minderjährige Flüchtlinge in der Kinder- und Jugendhilfe. Orientierung für die praktische Arbeit. München: Reinhardt

Green, R.-J. (1998). Race and the field of family therapy. In M. McGoldrick (Ed.), Re-visioning family therapy. Race, culture, and gender in clinical practice (pp. 93–110). New York: Guilford

Grinberg, L., Grinberg, R. (1990). Psychoanalyse der Migration und des Exils. München: Verlag Internationale Psychoanalyse (spanisches Original erschienen 1984)

Groen, M. (2005). Scham und Gewalt in Flüchtlings- und Migrantenfamilien. Systhema, 19 (2), 143–159. Zugriff am 11.4.2016 unter http://if-weinheim.de/fileadmin/dateien/systhema/2005/2_2005/Sys_2_2005_Groen.pdf

Grossmann, K. E. (2012). Geschichte der Bindungsforschung: Von der Praxis zur Grundlagenforschung und zurück. In G. J. Suess, H. Scheuerer-Englisch, W.-K. Pfeifer (Hrsg.), Bindungstheorie und Familiendynamik. Anwendung der Bindungstheorie in Beratung und Therapie (2., unveränd. Aufl.; S. 29–52). Gießen: Psychosozial

Guterres, A. (2005). High Commissioner António Guterres begins UNHCR duties. Genf: UNHCR. Zugriff am 27.6.2016 unter http://www.unhcr.org/42afdc154.html

Hargasser, B. (2014). Unbegleitete minderjährige Flüchtlinge. Sequentielle Traumatisierungsprozesse und die Aufgaben der Jugendhilfe. Frankfurt: Brandes & Apsel

Hegemann, T., Budimlic, M. (2016). Brücken bauen zwischen Sprachen und Kulturen. Zum Einsatz von Gemeindedolmetschern zur Überbrückung von Kommunikationshindernissen in psychosozialen Diensten. In K. H. Brisch (Hrsg.), Bindung und Migration (S. 13–31). Stuttgart: Klett-Cotta

Heißler, J. (2016). Deutlich mehr Anschläge auf Asylbewerberheime. tagesschau.de, 13.1.2016. Zugriff am 11.6.2016 unter https://www.tagesschau.de/inland/anschlaege-asylunterkuenfte-bka-101.html

Heller, J. (2015). Das wirft mich nicht um. Mit Resilienz stark durchs Leben gehen. München: Kösel

Herman, J. L. (1994). Die Narben der Gewalt. Traumatische Erfahrungen verstehen und überwinden. München: Kindler (englisches Original erschienen 1992)

Hödl, S. (2015). Jung, allein und traumatisiert. Kinder und Jugendliche auf der Flucht brauchen besonderen Schutz. In A. Reschke (Hrsg.), Und das ist erst der Anfang. Deutschland und die Flüchtlinge (S. 154–160). Reinbek: Rowohlt

Hoffmann, N., Hofman, B. (2008). Selbstfürsorge für Therapeuten und Berater. Weinheim: Beltz PVU

Hoffsommer, J. (2016). Willkommenskultur in der Kindertagesbetreuung. Berlin: BMFSFJ. Zugriff am 4.10.2016 unter http://www.fruehe-chancen.de/themen/integration/aus-der-praxis/willkommenskitas/

Holderegger, H. (1993). Der Umgang mit dem Trauma. Stuttgart: Klett-Cotta.

Huber, M. (2003). Trauma und die Folgen. Teil 1: Trauma und Traumabehandlung. Paderborn: Junfermann.

Hüther, G. (2002). Die Folgen traumatischer Kindheitserfahrungen für die weitere Hirnentwicklung. Forum, 3 (1), Art. 1. Zugriff am 6.10.2016 unter http://www.agsp.de/html/a34.html

Hüther, G. (2011). Was wir sind und was wir sein könnten. Ein neurobiologischer Mutmacher. Frankfurt: Fischer

Hüther, G., Korittko, A., Wolfrum, G., Besser, L. (2010). Neurobiologische Grundlagen der Herausbildung psychotraumabedingter Symptomatiken. Trauma & Gewalt, 4 (1), 18–31

Jäckle, M. (2016). Schulische BildungsPraxis für vulnerable Kinder und Jugendliche. In W. Weiß, T. Kessler, S. B. Gahleitner (Hrsg.), Handbuch Traumapädagogik (S. 154–164). Weinheim: Beltz

Jaggi, Ferdinand (2008). Burnout – praxisnah. Stuttgart: Thieme

Janet, P. (1889). L'Automatisme psychologique. Essai de psychologie expérimentale sur les formes inférieures de l'activité humaine. Paris: Alcan

Jansen, J. (2015). Die Kanzlerin und das weinende Flüchtlingsmädchen. Frankfurter Allgemeine Zeitung, 16.7.2015. Zugriff am 11.6.2016 unter http://www.faz.net/aktuell/politik/inland/merkel-video-kanzlerin-und-das-weinende-maedchen-13705652.html

Jantzen, W. (1992). Verhaltensgestört – was tun? Behindertenpädagogik, 31 (3), 249–264

Jantzen, W. (2002). Dialog und symbolisches Kapital – über verborgene Voraussetzungen der Anerkennung. In B. Warzecka (Hrsg.), Zur Relevanz des Dialoges in Erziehungswissenschaft, Behindertenpädagogik, Beratung und Therapie (S. 21–38). Berlin: LIT

Joksimovic, L. (2015). Psychotherapie hilft Flüchtlingen. Rheinische Post, 29.6.2015. Zugriff am 11.4.2016 unter http://www.rp-online.de/nrw/staedte/duesseldorf/psychotherapie-hilft-fluechtlingen-aid-1.5199554

Landeskompetenzzentrum zur Sprachförderung an Kindertageseinrichtungen in Sachsen (LakoS) (2015). Zur aktuellen Situation in Deutschland und Sachsen. München: Verein zur Förderung von Sprache und Kommunikation in Bildung, Prävention und Rehabilitation. Zugriff am 4.10.2016 unter http://www.lakossachsen.de/schwerpunktthema-kinder-mit-fluchterfahrungen/allgemeine-informationen/

Keilson, H. (1979). Sequentielle Traumatisierung bei Kindern. Deskriptiv-klinische und quantifizierend-statistische follow-up Untersuchung zum Schicksal der jüdischen Kriegswaisen in den Niederlanden. Stuttgart: Enke

Keller, H. (2013). Kulturelle Modelle und ihre Bedeutung für die frühkindliche Bildung. In H. Keller (Hrsg.), Interkulturelle Praxis in der Kita. Wissen – Haltung – Können (S. 11–23). Freiburg: Herder

Kessler, T. (2016). Äußere Eindrücke und innere Erwartungen. Theoretische Aspekte zu den Dynamiken von Übertragung und Gegenreaktion in der traumapädagogischen Arbeit. In W. Weiß, T. Kessler, S. B. Gahleitner (Hrsg.), Handbuch Traumapädagogik (S. 123–130). Weinheim: Beltz

Keysers, C. (2013). Unser empathisches Gehirn. Warum wir verstehen, was andere fühlen. München: Bertelsmann (englisches Original erschienen 2011)

Köck, P., Ott, H. (1994). Wörterbuch für Erziehung und Unterricht. 3100 Begriffe aus den Bereichen Pädagogik, Didaktik, Psychologie, Soziologie, Sozialwesen (5., völlig neu bearb. und erw. Aufl.). Donauwörth: Carl Auer

Kollak, I., Schmidt, S., Wöpking, M. (2016). Märchen öffnen Türen. Ergebnisse der Begleitstudie zum Märchenerzählen für Flüchtlingskinder in Sachsen. Soziale Arbeit, 65 (8), 294–300

Korczak, J. (1978). Von Kindern und anderen Vorbildern. Gütersloh: Gütersloher Verlagshaus

Korczak, D., Kister, C., Huber, B. (2010). Differentialdiagnostik des Burnout-Syndroms. Köln: DIMDI. Zugriff am 13.8.2016 unter http://www.dimdi.de/dynamic/de/linkgalerie/hta-bericht-278

Korittko, A., Pleyer, K. H. (2010). Traumatischer Stress in der Familie. Systemtherapeutische Lösungswege. Göttingen: Vandenhoeck & Ruprecht

Kracke, B. (2016). Umgang mit traumatisierten Kindern. Zugriff am 2.7.2016 unter http://www.refugee-trauma.help/fileadmin/downloads/pdf/de/refugee-trauma-help-professioneller-umgang-in-der-schule.pdf

Kraushofer, T. (2004). Genug ist nicht genug. Überlegungen zur Konzeptarbeit für den pädagogischen Alltag mit jugendlichen Flüchtlingen. In C. Büttner, R. Mehl, P. Schlaffer, M. Nauck (Hrsg.), Kinder aus Kriegs- und Krisengebieten: Lebensumstände und Bewältigungsstrategien (S. 171–180). Frankfurt: Campus

Krüger, A. (2011). Powerbook. Erst Hilfe für die Seele. Trauma-Selbsthilfe für junge Menschen. Hamburg: Elbe & Krüger

Krüger, A. (2015). Powerbook SPECIAL – Hilfe für die Seele. Bd. 2: Mehr Trauma-Selbsthilfe für junge Menschen. Hamburg: Elbe & Krüger

Küchenhoff, J. (1999). Die Fähigkeit zur Selbstfürsorge – die seelischen Vroaussetzungen. In J. Küchendorf (Hrsg.), Selbstzerstörung und Selbstfürsorge (S. 147–164). Gießen: Psychosozial-Verlag

Kühn, M. (2006). Bausteine einer »Pädagogik des Sicheren Ortes« – Aspekte eines pädagogischen Umgangs mit (traumatisierten) Kindern in der Jugendhilfe aus der Praxis des SOS-Kinderdorfes Worpswede. Vortrag bei der Tagung »(Akut) traumatisierte Kinder und Jugendliche in Pädagogik und Jugendhilfe, 17./18.2.2006 in Merseburg. Zugriff am 12.8.2016 unter http://www.jugendsozialarbeit.de/media/raw/martin_kuehn.pdf

Kühn, M. (2011). Trauma als Destruktion des Dialogs mit dem Selbst, der Umwelt und dem Leben an sich. Sozial Extra, 35 (11/12), 12–15

Kühn, M. (2012). Traumapädagogische Perspektiven. Die Arbeit mit jungen Menschen mit Lernschwierigkeiten. Soziale Arbeit, 61 (4), 137–142

Kühn, M. (2013). Traumapädagogik und Partizipation. Zur entwicklungslogischen, fördernden und heilenden Wirksamkeit von Beteiligung in der Kinder- und Jugendhilfe. In J. Bausum, L. Besser, M. Kühn, W. Weiß (Hrsg.), Traumapädagogik. Grundlagen, Arbeitsfelder und Methoden für die pädagogische Praxis (3., durchges. Aufl.; S. 138–148). Weinheim: Juventa (Erstaufl. erschienen 2009)

Kühn, M. (2015). Praxis der Traumapädagogik – Was muss im Alltag der Betreuung beachtet werden? In K. Hennicke (Hrsg.), Seelische Verletzung (Trauma) bei Menschen mit geistiger Behinderung. Wahrnehmen, Betreuen, Behandeln. Dokumentation der Arbeitstagung der DGSGB am 14. November 2014 in Kassel (S. 39–45). Berlin: DGSGB. Zugriff am 25.9.2016 unter http://dgsgb.de/downloads/volumes/978-3-938931-34-9.pdf

Kühn, M. (2016). »Bitte Route neu berechnen!« – Einige Gedankensplitter zu den Anschlägen in Würzburg und Ansbach im Juli 2016. Zugriff am 12.8.2016 unter http://www.traumapaedagogik.de/?p=701

Leitner, S., Loch, U., Sting, S. (2011). Geschwister in der Fremdunterbringung. Fallrekonstruktionen von Geschwisterbeziehungen in SOS-Kinderdörfern aus der Sicht von Kindern und Jugendlichen. Wien: LIT

Lemke, J. (2006). Sekundäre Traumatisierung. Klärung von Begriffen und Konzepten der Mittraumatisierung. Kröning: Asanger

Lennertz, I. (2011). Trauma und Bindung bei Flüchtlingskindern. Erfahrungsverarbeitung bosnischer Flüchtlingskinder in Deutschland. Göttingen: Vandenhoeck & Ruprecht

Leuzinger-Bohleber, M. (2015). Vorwort. In C. Burkhardt-Mußmann (Hrsg.), Räume, die Halt geben. Psychoanalytische Frühprävention mit Migrantinnen und ihren Kleinkindern (S. 7–20). Frankfurt: Brandes & Apsel

Levine, P. A. (2011a). Sprache ohne Worte. Wie unser Körper Trauma verarbeitet und uns in die innere Balance zurückführt (2., unveränd. Aufl.). München: Kösel (englisches Original erschienen 2010)

Levine, P. A. (2011b). Vom Trauma befreien. Wie Sie seelische und körperliche Blockaden lösen (5., unveränd. Aufl.). München: Kösel (englisches Original erschienen 2008)

Ley, J., Ondreka, L. (2016). Wenn Kindersoldaten nach Deutschland fliehen. Süddeutsche Zeitung, 12.2.2016. Zugriff am 11.4.2016 unter http://www.sueddeutsche.de/politik/krieg-wenn-kindersoldaten-nach-deutschland-fliehen-1.2860032

Loch, U. (2012a). Psychohygiene. In H. Schulze, U. Loch, S. B. Gahleitner (Hrsg.), Soziale Arbeit mit traumatisierten Menschen. Plädoyer für eine Psychosoziale Traumatologie (S. 105–114). Baltmannsweiler: Schneider

Loch, U. (2012b). (Re-)Traumatisierung durch Handlungsabläufe in (multi-)professionellen Kontexten. In H. Schulze, U. Loch, S. B. Gahleitner (Hrsg.), Soziale Arbeit mit traumatisierten Menschen. Plädoyer für eine Psychosoziale Traumatologie (S. 97–105). Baltmannsweiler: Schneider

MacLean, P. D. (1970). The triune brain, emotion and scientific bias. In F. O. Schmitt (Ed.), The neurosciences: Second study program, Vol. 2 (pp. 336–349). New York: Rockefeller University Press

Mall, V. (2015). Medizinische Versorgung minderjähriger Flüchtlinge in Deutschland: Eine neue große Herausforderung für die Kinder- und Jugendmedizin. Paradigmenwechsel bei Entwicklungsstörungen – Ist eine Heilung durch Medikamente in greifbarer Nähe? Pressegespräch am 1.9.2015. Berlin: DGSPJ. Zugriff am 11.4.2016 unter http://www.dgkj.de/fileadmin/user_upload/images/Presse/Jahrestagung_2015/1509_DGSPJ.pdf

Marsella, A. J. (1988). Cross-cultural research on severe mental disorder: Issue and findings. Acta Psychiatrica Scandinavica, 344 (Suppl.), 7–22

Matuszewski, C. (2016). Flüchtlingskinder kommen an. Eine Momentaufnahme aus vier bayerischen Kitas. Kindergarten heute, 46 (6–7), 11–15

McCann, I. L., Pearlman, L. A. (1990). Vicarious traumatization: A framework the psychological effects of working with victims. Journal of Traumatic Stress, 3 (1), 131–149

Menesch, C., Keller, M. (2016). Unbegleitete minderjährige Flüchtlinge in Einrichtungen der Kinder- und Jugendhilfe. In W. Weiß, T. Kessler, S. B. Gahleitner (Hrsg.), Handbuch Traumapädagogik (S. 210–219). Weinheim: Beltz

Merkel, A. (2015). Sommerpressekonferenz von Bundeskanzlerin Merkel. Mitschrift Pressekonferenz, 31.8.2015. Berlin: Bundesregierung. Zugriff am 11.6.2016 unter https://www.bundesregierung.de/Content/DE/Mitschrift/Pressekonferenzen/2015/08/2015-08-31-pk-merkel.html

Meurs, P., Jullian, G. (2016). Das Projekt »Erste Schritte« – kultursensible und bindungsgerichtete präventive Entwicklungsberatung für Migranteneltern und Kleinkinder. In K. H. Brisch (Hrsg.), Bindung und Migration (S. 222–248). Stuttgart: Klett-Cotta

Mitransky, U. (1990). Belastung von Erziehern. Qualitative und quantitative arbeitspsychologische Untersuchung der psychischen und physischen Belastung von Heimerziehern. Frankfurt: Lang

Mogk, C. (2016). Allein in Deutschland – Psychotherapie und psychosoziale Arbeit mit minderjährigen, unbegleiteten Flüchtlingen. In K. H. Brisch (Hrsg.), Bindung und Migration (S. 44–82). Stuttgart: Klett-Cotta

Müller, P. (2015). Organisierte Verantwortungslosigkeit. Die EU und die Flüchtlinge. In A. Reschke (Hrsg.), Und das ist erst der Anfang. Deutschland und die Flüchtlinge (S. 262–274). Reinbek: Rowohlt

Naser, M., Müller, J. (2015). Diagnostik von Traumafolgestörungen und komorbiden Erkrankungen. In G. H. Seidler, H. J. Freyberger, A. Maercker (Hrsg.), Handbuch der Psychotraumatologie (2., überarb. u. erw. Aufl.; S. 171–181). Stuttgart: Klett-Cotta

O'Brien, J., Pearpoint, J., Kahn, L. (2010). The PATH & MAPS handbook. Person-centred ways to build community. Toronto: Inclusion Press

Omer, H., Schlippe, A. v. (2002). Autorität ohne Gewalt. Coaching für Eltern von Kindern mit Verhaltensproblemen. »Elterliche Präsenz« als systemisches Konzept. Göttingen: Vandenhoeck & Ruprecht

Opp, G., Unger, N. (2006). Kinder stärken Kinder. Positive Peer Culture in der Praxis. Hamburg: Körber-Stiftung

Ouatedem Tolsdorf, M. (2016). Angekommen in Deutschland. Gesundheitliche Erstversorgung von AsylbewerberInnen. Dr. med. Mabuse, 40 (1 [Nr. 219]), 22–24

Pearlman, L. A., Saakvitne, K. W. (1995). Trauma and the therapist: Countertransference and vicarious traumatization in psychotherapy with incest survivors. New York: Norton

Pedersen, D. (2002). Political violence, ethnic conflict, and contemporary wars: broad implicationsfor health and social well-being. Social Science & Medicine, 55 (2), 175–190. Zugriff am 12.9.2016 unter https://www.researchgate.net/publication/11238302_Political_violence_ethnic_conflict_and_contemporary_wars_Broad_implications_for_health_and_social_well-being

Pennebaker, J. (2010). Heilung durch Schreiben. Ein Arbeitsbuch zur Selbsthilfe. Bern: Huber (englisches Original erschienen 2005)

Perry, B. D. (2014). The cost of caring. Secondary traumatic stress and the impact of working with high-risk children and tamilies. Houston, TX: The ChildTrauma Academy. Zugriff am 12.7.2016 unter https://childtrauma.org/wp-content/uploads/2014/01/Cost_of_Caring_Secondary_Traumatic_Stress_Perry_s.pdf

Perry, B. D., Szalavitz, M. (2011). Der Junge, der wie ein Hund gehalten wurde. Was traumatisierte Kinder uns über Leid, Liebe und Heilung lehren können. Aus der Praxis eines Kinderpsychiaters (4., unveränd. Aufl.). München: Kösel (englisches Original erschienen 2006).

Popp, M. (2015). »Refugees welcome!« …? Protokoll einer Zäsur. In A. Reschke (Hrsg.), Und das ist erst der Anfang. Deutschland und die Flüchtlinge (S. 16–27). Reinbek: Rowohlt Polaris. Zugriff am 22.1.2016 unter http://www.rowohlt.de/download/file2/sixcms_filename/3338676/Reschke_Und_das_ist_erst_der_Anfang.pdf

Pro Asyl (2011). Kinderrechte für Flüchtlingskinder ernst nehmen! Gesetzlicher Änderungsbedarf aufgrund der Rücknahme der Vorbehalte zur UN-Kinderrechtskonvention. Jetzt erst Recht(e) für Flüchtlingskinder! Frankfurt: Pro Asyl. Zugriff am 5.10.2016 unter https://www.proasyl.de/wp-content/uploads/2015/07/PRO_ASYL_Kinderrechte_ernst_nehmen.pdf

Pryce, J. G., Shackelford, K. K., Pryce, D. H. (2007). Secondary traumatic stress and the child welfare professional. Chicago: Lyceum Books

Pupavac, V. (2002). Pathologizing populations and colonizing minds: International psychosocial programs in Kosovo. Alternatives, 27 (4), 489–511

Rabe, H. (2015). Effektiver Schutz vor geschlechtsspezifischer Gewalt – auch in Flüchtlingsunterkünften. Berlin: Deutsches Institut für Menschenrechte. Zugriff am 26.9.2016 unter http://www.institut-fuer-menschenrechte.de/fileadmin/user_upload/Publikationen/Policy_Paper/Policy_Paper_32_Effektiver_Schutz_vor_geschlechtsspezifischer_Gewalt.pdf

RebelComedy (2015). Hinter uns mein Land. Zugriff am 21.9.2016 unter https://www.youtube.com/watch?v=IQBncz9RmqA

Reddemann, L. (2003). Einige Überlegungen zu Psychohygiene und Burout-Prophylaxe von TraumatherapeutInnen. Erfahrungen und Hypothesen. Zeitschrift für Psychotraumatologie und Psychologische Medizin, 1 (1), 79–85. Zugriff am 3.7.2016 unter http://www.luise-reddemann.de/fileadmin/content/downloads/aufsaetze-vortraege/%C3%9Cberlegungen%20zu%20Psychohygiene%20und%20%20Burnout-Prophylaxe%20von%20TraumatherapeutInnen.pdf

Reddemann, L. (2008). Würde – Annäherung an einen vergessenen Wert in der Psychotherapie. Stuttgart: Klett-Cotta

Riedesser, P. (2003). Entwicklungspsychopathologie von Kindern mit traumatischen Erfahrungen. In P. Riedesser, T. Hellbrügge (Hrsg.), Bindung und Trauma. Risiken und Schutzfaktoren für die Entwicklung von Kindern (S. 160–171). Stuttgart: Klett-Cotta

Rießinger, S. (2011). Traumapädagogik und Sekundäre Traumatisierung. Abschlussarbeit. Bremen: QuQuk. Zugriff am 13.8.2016 unter http://www.hans-wendt-stiftung.de/fileadmin/Stiftung/Downloads/Traumapaedagogik_und_Sekundaere_Traumatisierung_SRiessinger.pdf

Ris, E. (2010). Die Bedeutung der Herkunftsfamilie für fremd untergebrachte Kinder und die Herausforderung eine Balance zu entwickeln. Vortrag auf der Kinderschutz-Fachtagung »Kinder brauchen Identität und Schutz«, 27.10.2010 in Keutschach

RL 2013/33/EU (2013). Richtlinie des Europäischen Parlaments und des Rates vom 26. Juni 2013 zur Festlegung von Normen für die Aufnahme von Personen, die internationalen Schutz beantragen (Neufassung). Brüssel: EU. Zugriff am 27.9.2016 unter http://eur-lex.europa.eu/LexUriServ/LexUriServ.do?uri=OJ:L:2013:180:0096:0116:DE:PDF

Rödler, P. (2003). Grundlagen der Kommunikation mit Menschen mit autistischen Verhaltensweisen und schweren Kommunikationsstörungen. Vortrag bei der FC-Tagung, München-Haar. Zugriff am 25.9.2016 unter http://userpages.uni-koblenz.de/~proedler/res/grundaut.pdf

Rothen, J. (2012). Selbstfürsorgebogen. Zugriff am 5.5.2013 unter http://ztp.welle.net/images/stories/Fachtage/selbstfuersorgebogen.pdf

Rothkegel, S. (2015). Traumatisierung und Fluchtgeschichten. Vortrag bei der Jahrestagung des Sächsischen Staatsministeriums für Soziales und Verbraucherschutz, Landesjugendamt für Fachberater_innen von Kindertageseinrichtungen und Kindertagespflege der öffentlichen und freien Jugendhilfe im Freistaat Sachsen, 3.–4.3.2015 in Meißen. Zugriff am 20.1.2016 unter http://www.kita-bildungsserver.de/fileadmin/inc/do_download.php?did=1137

Ruhwandl, D. (2010). Erfolgreich ohne auszubrennen. Das Burn-out-Buch für Frauen (4., erw. Aufl.). Stuttgart: Klett-Cotta

Sabel, B. A., Roschinski, A. (2010). Sekundäre Traumatisierung – Berufsrisiko der Helfer. In R. Wagner (Hrsg.), Sekundäre Traumatisierung als Berufsrisiko? Konfrontation mit schweren Schicksalen anderer Menschen (S. 35–46). Magdeburg: Friedrich-Ebert-Stiftung. Zugriff am 12.7.2016 unter http://library.fes.de/pdf-files/bueros/sachsen-anhalt/10673.pdf

Sachsse, U. (2004). Selbstfürsorge eines Therapeuten. In U. Sachsse (Hrsg.), Traumazentrierte Psychotherapie. Theorie, Klinik und Praxis (S. 437–441). Stuttgart: Schattauer
Sachverständigenrat deutscher Stiftungen für Integration und Migration (SVR) (2015). Junge Flüchtlinge. Aufgaben und Potenziale für das Aufnahmeland. Berlin: SVR. Zugriff am 4.10.2016 unter http://www.svr-migration.de/wp-content/uploads/2015/07/Kurzinformation_Junge-Fl%C3%BCchtlinge_SVR-FB_WEB.pdf
Sadeh, A., Hen-Gal, S., Tikotzky, L. (2008). Young children's reactions to war-related stress: A survey and assessment of an innovative intervention. Pediatrics, 121 (1), 46–53
Salman, R. (2007). Gemeindedolmetscherdienste als Beitrag zur Integration von Migranten in das regionale Sozial- und Gesundheitswesen – das Modell des Ethno-Medizinischen Zentrums Hannover. In Gesundheit und Integration. Ein Handbuch für Modelle guter Praxis (2., überarb. Aufl.; S. 246–256). Berlin: Bundesbeauftragte für Migration,, Flüchtlinge und Integration. Zugriff am 21.9.2016 unter http://www.bundesregierung.de/Content/Infomaterial/BPA/IB/gesundheit-und-integration.pdf?__blob=publicationFile&v=7
Salman, R. (2010). Vermittler zwischen Sprachen und Kulturen. Methoden des Gemeindedolmetschens und des Überbrückens von Kommunikationshindernissen. In T. Hegemann, R. Salman (Hrsg.), Handbuch Transkulturelle Psychiatrie (S. 199–215). Bonn: Psychiatrie
Sanderson, H., Goodwin, C. (Hrsg.) (2010). Personenzentriertes Denken. Brüssel: Europäische Union. Zugriff am 25.9.2016 unter http://trainingpack.personcentredplanning.eu/attachments/article/206/HSAminibookGerman.pdf (englisches Original erschienen 2006)
Sänger, R., Udolf, M. (2012). Berufsrisiken in der Traumapädagogik. Abschalten von der Not. Soziale Arbeit, 61 (4), 142–149
Scherwath, C., Friedrich, S. (2016). Soziale und pädagogische Arbeit bei Traumatisierung (3., akt. Aufl.). München: Reinhardt
Schiek, H. (2015). Wenn Kinder das Grauen nicht verarbeiten können. Die Welt, 7.9.2015. Zugriff am 7.1.2016 unter http://www.welt.de/gesundheit/psychologie/article146099897/Wenn-Kinder-das-Grauen-nicht-verarbeiten-koennen.html
Schlindwein, S. (2013). Lebenslang im Militär. taz, 11.10.2013. Zugriff am 28.5.2016 unter http://www.taz.de/!5057383
Schmidbauer, W. (1977). Die hilflosen Helfer. Über die seelische Problematik der helfenden Berufe. Reinbek: Rowohlt
Schneider, M. (2009). Six fundamentals to work with young people from refugee backgrounds. Zugriff am 5.10.2016 unter http://www.cheri.com.au/documents/IntroductiontoworkwYP.pdf
Schröttle, M., Müller, U. (2004). Lebenssituation, Sicherheit und Gesundheit von Frauen in Deutschland. Eine repräsentative Untersuchung zu Gewalt gegen Frauen in Deutschland. Kurzfassung. Bonn: BMFSFJ. Zugriff am 26.9.2016 unter https://www.bmfsfj.de/bmfsfj/service/publikationen/lebenssituation--sicherheit-und-gesundheit-von-frauen-in-deutschland/80596
Schuchardt, E. (2013). Warum gerade ich …? Leben lernen in Krisen – Leiden und Glaube. Fazit aus Lebensgeschichten eines Jahrhunderts. Der Komplementär-Spiralweg. Krisenverarbeitung (13., umf. veränd. Aufl.). Göttingen: Vandenhoeck & Ruprecht
Schulze, H. (2012a). Alltag als Kerndimension Sozialer Arbeit mit traumatisierten Menschen. In H. Schulze, U. Loch, S. B. Gahleitner (Hrsg.), Soziale Arbeit mit traumatisierten Menschen. Plädoyer für eine Psychosoziale Traumatologie (S. 115–150). Baltmannsweiler: Schneider
Schulze, H. (2012b). Fortsetzung der Traumatisierungskette versus Unterbrechung: Herausforderung in der Arbeit mit Flüchtlingskindern. In H. Schulze, U. Loch, S. B. Gahleitner (Hrsg.), Soziale Arbeit mit traumatisierten Menschen. Plädoyer für eine Psychosoziale Traumatologie (S. 81–97). Baltmannsweiler: Schneider
Schulze, H., Kühn, M. (2012). Traumaarbeit als institutionelles Konzept: Potenziale und Spannungsfelder. In H. Schulze, U. Loch, S. B. Gahleitner (Hrsg.), Soziale Arbeit mit traumatisierten Menschen. Plädoyer für eine Psychosoziale Traumatologie (S. 166–185). Baltmannsweiler: Schneider

Schwarz, U., Tamm, A., Lauer, K. (2010). Ausländerrecht und Jugendhilfe. Gibt es einen gemeinsamen Schutzauftrag? Dokumentation der Fachtagung 17.-18. September 2009. Berlin: Internationaler Sozialdienst im Deutschen Verein für öffentliche und private Fürsorge. Zugriff am 5.10.2016 unter http://www.issger.de/cms/upload/materialien/vortraege/2008-2009/dokumentation-auslaenderrecht-und-jugendhilfe.pdf

Schwesig, M. (2015). Integration beginnt in Kita und Schule. Interview. Neue Osnabrücker Zeitung, 12.9.2015. Zugriff am 4.10.2016 unter https://www.bmfsfj.de/bmfsfj/aktuelles/reden-und-interviews/manuela-schwesig--integration-beginnt-in-kita-und-schule/101588

Shah, H., Weber, T. (2013). Trauer und Trauma. Die Hilflosigkeit der Betroffenen und der Helfer und warum es so schwer ist, die jeweils andere Seite zu verstehen. Kröning: Asanger

Shapiro, F. (2013). Frei werden von der Vergangenheit. Trauma-Selbsthilfe nach der EMDR-Methode. München: Kösel (englisches Original erschienen 2012)

Siebert, G. (2016). Flucht und Trauma im Kontext Schule. Handbuch für PädagogInnen. Wien: UNHCR. Zugriff am 3.7.2016 unter http://www.unhcr.at/fileadmin/user_upload/dokumente/06_service/unterrichtsmaterialien/UNHCR_Traumahandbuch_WEB_neu.pdf

Siegel, D. J. (2006). Wie wir werden die wir sind. Neurobiologische Grundlagen subjektiven Erlebens und die Entwicklung des Menschen in Beziehungen. Paderborn: Junfermann (englisches Original erschienen 1999)

Speidel, N. (2015). Flüchtlingskinder in der Kita. Köln: KiTa-aktuell.de. Zugriff am 4.10.2016 unter https://aktuelles.kita-aktuell.de/fachinfos/themenspezial-fluechtlinge/detail-themenspezial-fluechtlinge/?tx_news_pi1[news]=161&cHash=601fc9f8016e53ae3f9074c77a51b6eb

Streeck-Fischer, A. (2009). Trauma und Entwicklung. Frühe Traumatisierungen und ihre Folgen in der Adoleszenz (1., unveränd. Nachdr.). Stuttgart: Schattauer (Erstaufl. erschienen 2005)

Sudbrock, C., Marsh, F., Villagrasa, E. D. (Hrsg.) (2016). Partnerschaft für Partizipation. Handbuch zu Kinderbeteiligung. Brüssel: IFM-SEI. Zugriff am 25.9.2016 unter http://docplayer.org/21987788-Partnerschaft-fuer-partizipation-handbuch-zu-kinder-beteiligung.html

Suess, G. J., Mali, A., Bohlen, U. (2009). Multizentrische Interventionsstudie zur Überprüfung von Wirksamkeitsfaktoren des bindungsbasierten STEEP-Frühinterventionsprogrammes in Deutschland. Einfluss des Bindungshintergrundes der BeraterInnen. Vortrag beim 31. DGKJP-Kongress, Hamburg, 3.-7.3.2009

Teke, B. (2016). Migrationssensibler Kinderschutz. In K. H. Brisch (Hrsg.), Bindung und Migration (S. 101-115). Stuttgart: Klett-Cotta

Thiel, E., Kühn, M. (2012). Geschwister in der stationären Erziehungshilfe – Herausforderungen und Erfahrungen aus institutioneller Sicht. SOS-Dialog, 11 (1), 32-45. Zugriff am 25.09.2016 unter https://www.sos-fachportal.de/blob/114612/4ad86b014dc692d507e6e9c94e68e979/sosdialog2012-data.pdf

Tumani, V. (2016). Spielt Kultur bei der Bindungstraumatisierung eine Rolle? In K. H. Brisch (Hrsg.), Bindung und Migration (S. 32-43). Stuttgart: Klett-Cotta

Uhlmann, B. (2015). Ein Drittel der Flüchtlingskinder ist psychisch krank. Süddeutsche Zeitung, 1.9.2015. Zugriff am 11.6.2016 unter http://www.sueddeutsche.de/gesundheit/studie-ueber-minderjaehrige-fluechtlinge-ein-drittel-der-kinder-sind-psychisch-krank-1.2630085

Ullrich, F., Zimmermann, D. (2014). Gewalt und Vernachlässigung – Belastungen, die Unterricht unmöglich machen? Wahrnehmung von Traumatisierung bei Kindern und Jugendlichen und ihrer Folgen durch Fachkräfte in Schulen. Zeitschrift für Heilpädagogik, 65 (7), 257-266

Unfried, N. (2013). Psychische Entwicklung von Kindern und frühe Traumatisierung. In M. Rauwald (Hrsg.), Vererbte Wunden. Transgenerationale Weitergabe traumatischer Erfahrungen (S. 30-37). Weinheim: Beltz

United Nations (UN) (1989). Übereinkommen über die Rechte des Kindes. New York: UN. Zugriff am 14.12.2015 unter http://www.bmfsfj.de/RedaktionBMFSFJ/Broschuerenstelle/Pdf-Anlagen/_C3_9Cbereinkommen-_C3_BCber-die-Rechte-des-Kindes

United Nations Children's Fund (UNICEF) (2007). The Paris principles. Principles and guidelines on children associated with armed forces or armed groups. New York: UNICEF. Zugriff am 11.3.2016 unter http://www.unicef.org/emerg/files/ParisPrinciples310107English.pdf

UNICEF Deutschland (2014). Kinderrechte verwirklichen. Flüchtlingskinder in Deutschland. Köln: UNICEF. Zugriff am 5.10.2016 unter https://www.unicef.de/blob/56284/8cf4b098bce7d5b7cc0cd7635a7372c9/unicef-information-fluechtlingskinder-in-deutschland-2014-data.pdf

United Nations High Commissioner for Refugees (UNHCR) (2004). Abkommen über die Rechtsstellung der Flüchtlinge vom 28. Juli 1951 (In Kraft getreten am 22. April 1954. Protokoll über die Rechtsstellung der Flüchtlinge vom 31. Januar 1967 (In Kraft getreten am 4. Oktober 1967). Berlin: UNHCR. Zugriff am 11.4.2016 unter http://www.unhcr.de/no_cache/ mandat/genfer-fluechtlingskonvention.html?cid=1790&did=7631&sechash=395ee350

UNO-Flüchtlingshilfe (2015). Unbegleitete minderjährige Flüchtlinge in Deutschland. Bonn: UNO-Flüchtlingshilfe. Zugriff am 7.1.2016 unter https://www.uno-fluechtlingshilfe.de/fluechtlinge/themen/fluechtlingskinder/unbegleitete-minderjaehrige-fluechtlinge-in-deutsch land.html

Weinberg, D. (2005). Traumatherapie mit Kindern. Strukturierte Trauma-Intervention und traumabezogene Spieltherapie. Stuttgart: Klett-Cotta

Weiß, W. (2009). Philipp sucht sein Ich. Zum pädagogischen Umgang mit Traumata in den Erziehungshilfen (5., aktual. Aufl.). Weinheim: Juventa

Weiß, W. (2013).»Wer macht die Jana wieder ganz?« Über Inhalte von Traumabearbeitung und Traumaarbeit. In J. Bausum, L. Besser, M. Kühn, W. Weiß (Hrsg.), Traumapädagogik. Grundlagen, Arbeitsfelder und Methoden für die pädagogische Praxis (3., durchges. Aufl.; S. 14–23). Weinheim: Juventa

White, M. (2005). Das Wiedereingliedern der verlorenen Beziehung bei erfolgreicher Trauerarbeit. systhema, 19 (1), 5–15. Zugriff am 12.08.2016 unter http://ifw-mitgliederverein.de/files/mitgliederverein/systhema/2005/1_2005/Sys_1_2005_White.pdf (englisches Original erschienen 1988)

White, M. (2009). Kinder, Trauma und das (Wieder)erschließen von »unterdrückten« Geschichten. systhema, 23 (1), 7–24. Zugriff am 21.9.2016 unter http://if-weinheim.de/fileadmin/dateien/systhema/2009/1_2009/Sys_1_2009_White.pdf (englisches Original erschienen 2005)

White, M., Epston, D. (2013). Die Zähmung der Monster (7., unveränd. Aufl.). Heidelberg: Carl Auer (englisches Original erschienen 1990)

Wiater, W. (1999). Vom Schüler her unterrichten. Eine neue Didaktik für eine veränderte Schule. Donauwörth: Auer

Wiesemann, I., Jurieta, R., Girlich, S. (2016). Herzlich Willkommen in der Kita! Köln: KiTa-aktuell.de. Zugriff am 4.10.2016 unter https://aktuelles.kita-aktuell.de/fachinfos/themenspezial-fluechtlinge/detail-themenspezial-fluechtlinge/?tx_news_pi1[news]=163&cHash=226b8f405c70587e8b6511ddf5d84d68

Wiesner, R. (2014). Hilfen für junge Volljährige. Rechtliche Ausgangssituation. Expertise. Frankfurt: IGfH. Zugriff am 5.10.2016 unter https://www.uni-hildesheim.de/media/fb1/sozialpaedagogik/Forschung/care_leaver/Expertise_Wiesner_Endversion_Rechtliche_Ausgangssituation.pdf

Williams, M. B., Sommer, J. F. (2002). Selbstfürsorge und die Verletzlichkeit des Therapeuten. In B. H. Stamm (Hrsg.), Sekundäre Traumastörungen. Wie Kliniker, Forscher und Erzieher sich vor traumatischen Auswirkungen ihrer Arbeit schützen können (S. 215–226). Paderborn: Junfermann

Winklhofer, C. (2015). Flucht und Trauma im pädagogischen Kontext. Eine Broschüre zur Unterstützung von Pädagoginnen und Pädagogen im Umgang mit Kindern und Jugendlichen mit Fluchterfahrung. Salzburg: Pädagogische Hochschule. Zugriff am 30.9.2016 unter http://www.phsalzburg.at/uploads/media/Flucht_und_Trauma_im_paedagogischen_Kontext.pdf

Wolff, B. (2016). Einen Neuanfang ermöglichen. Psychosoziale Unterstützung für traumatisierte Geflüchtete. Dr. med. Mabuse, 40 (1 [Nr. 219]), 29–31

World Health Organisation (WHO) (2000). Internationale Klassifikation psychischer Störungen. ICD-10 Kapitel V (F). Klinisch-diagnostische Leitlinien (4., überarb. Aufl.). Bern: Huber

Wüstenhagen, C. (2016). Schreib dich frei. Die Zeit online, 8.4.2016. Zugriff am 21.9.2016 unter http://www.zeit.de/2016/14/tagebuch-schreiben-schreibtherapie-trauma-behandlung-psychologie-james-pennebaker

Yassen, J. (1995). Preventing secondary traumatic stress disorder. In C. R. Figley (Hrsg.), Compassion fatigue. Coping with secondary traumatic stress disorder in those who treat the traumatized (S. 178–208). Bristol, PA: Brunner Mazel

Zimmermann, D. (2010). Indirekte Traumatisierung im Kontext von Migration, Flucht und Asyl. In T. Rode (Hrsg.), Indirekte Traumatisierung im Kontext professionellen Handelns. Anforderungen an Ausbildung, Berufspraxis und Supervision. Kongress (S. 130–140). Berlin: GPTG. Zugriff am 12.07.2016 unter http://www.tanja-rode.de/daten/pdf/v-vortrag-kongress-2011-indirekte-traumatisierung.pdf

Zimmermann, D. (2012). Migration und Trauma. Pädagogisches Verstehen und Handeln in der Arbeit mit jungen Flüchtlingen. Gießen: Psychosozial

Zimmermann, D. (2016). »Geprügelte Hunde reagieren so«. Zwangsmigration und Traumatisierung. In W. Weiß, T. Kessler, S. B. Gahleitner (Hrsg.), Handbuch Traumapädagogik (S. 200–209). Weinheim: Beltz

Zito, D. (2015). Überlebensgeschichten. Kindersoldatinnen und -soldaten als Flüchtlinge in Deutschland. Eine Studie zur sequentiellen Traumatisierung. Weinheim: Beltz Juventa

Zito, D., Martin, E. (2016). Umgang mit traumatisierten Flüchtlingen. Ein Leitfaden für Fachkräfte und Ehrenamtliche. Weinheim: Beltz Juventa

Zurwonne, M., Pape, U., Schneider, S. (2016). Unbegleitete minderjährige Flüchtlinge. Berlin: Diakonie Deutschland. Zugriff am 5.10.2016 unter http://www.diakonie.de/thema-kompakt-unbegleitete-minderjaehrige-fluechtlinge-16189.html

Verzeichnis der Abbildungen, Tabellen, Tipps

Abbildungen

1	Kinder und Jugendliche mit Fluchterfahrungen in Deutschland 2015	15
2	Traumatisierung	32
3	Überlebensreaktion nach Trauma	33
4	Das Traumaschema	37
5	Traumakompensatorisches Schema	38
6	Das dreigliedrige Gehirn-Modell bei normalem Erfahrungsraum und extremer Stresserfahrung	39
7	Veränderung des Selbst- und Weltbilds durch Trauma	43
8	»Toleranzfenster«	45
9	Der traumatische Teufelskreis	46
10	Grobraster Sequenzieller Traumatisierung in Bezug auf Flucht	49
11	Spezifiziertes Raster für Sequenzielle Traumatisierung in Bezug auf Flucht	50
12	Wirkfaktoren beim Prozess der Neuansiedlung	54
13	Bio-psycho-soziosystemischer Ansatz	55
14	Die Maßnahme als »Sicherer Ort«	60
15	Der Geschützte Dialog	62
16	Die traumapädagogischen Aufträge	74
17	Die Stufen der Partizipation	78
18	Aspekte von Trauerarbeit im Prozess der Integration	86
19	Frühe Traumatisierung	92
20	Rechte und Ansprüche von unbegleiteten Minderjährigen in Deutschland	109
21	UN-Kinderrechte	111
22	Faktoren stationärer Jugendhilfe zur Unterbrechung des Traumatisierungsprozesses	112

23 Traumaprozesse verstärkendes Kommunikations- und Interaktionsmuster 113
24 Interdisziplinäre Vernetzung durch Kooperationen 115
25 Zentrale Säulen der Selbstfürsorge 127

Tabellen

1 Erkrankungen bei Kindern in Erstaufnahmeeinrichtungen 18
2 Die Maßnahme als »Sicherer Ort« 60
3 Möglichkeiten zur individuellen Stabilisierung 116

Definitionen, Übersichten, Leitfäden

Trauma 32
Das Konzept der Feinfühligkeit 64
Die »grüne Karte« des Dolmetschens im sozialen und medizinischen Bereich 67
Umgang mit unerwarteten Abschiebungen 99
Aufnahmekonzept 118

Internet-Tipps

Arbeit mit Flüchtlingsfamilien 20
Reiseführer für Rucksackreisende 68
Leichte Sprache 69
Gebärdenunterstützte Methoden 70
Einstieg in die Arbeit mit Geflüchteten 71
Anregungen für Tagebuchprojekte 72
Arbeit mit geflüchteten Familien in Kitas 101
Kinderrechte 111

Praxistipps

Kulturelle Unterschiede beim Sprechen über Trauma 53
»Krisentandem« 60
»Sprach-PatInnen« 67
Stabilisierung 75
Psychoedukation in der Traumapädagogik 77
Teilhabe 79

Perspektiventwicklung 80
Trauerbegleitung 87
Eingewöhnung im Sinne der pädagogischen Triade 96
Vermitteln von Wissen über eine Kindertagesstätte 97
Die Kindertagesstätte als Sicherer Ort 98
Hilfestellungen für den Schulalltag 107
Fragebogen Selbstfürsorge 124
Imaginationsübungen 128
Achtsamkeits- und Reorientierungsübungen 129
»Puffermantra« 129
»Regentagebrief« 130
Wenn Fachkräfte trauern müssen 131

Fallbeispiele

Aziz 44
Buruk 51
Ayla 70
Jamaal 81
Arif 91

Anhang: Methoden für die traumapädagogische Praxis

Übersicht

Dissoziative Phänomene im pädagogischen Alltag 153
Triggeranalyse 155
Gelingensbedingungen 156
Weil-Frage 157
Reinszenierende Situationen 158
Körperumriss 159
Stressbarometer 160
Notfallkiste 161
Ressourcencheck für Teams 162
Pädagogisches Tagebuch 165

Dissoziative Phänomene im pädagogischen Alltag

Der folgende Bogen dient der Sensibilisierung für dissoziative Phänomene im pädagogischen Alltag. Wenn bei einem Kind bzw. einem/einer Jugendlichen mehrere Antworten mit »ja« oder »zum Teil« beantwortet werden, sollten PädagogInnen ihre Sensibilität für Dissoziation im Alltag erhöhen.

Dissoziatives Phänomen	Mögliche Auswirkungen	ja	z. T.	nein
Häufiges Tagträumen	Kind ist für die anderen nicht erreichbar			
	Taucht z. T. wie aus einer anderen Welt auf			
	Wirkt zwischendurch wie erstarrt, weniger Lidschlag beobachtbar			
	Erschrickt, wenn man es anspricht			
Amnesien	Kind hat für kleine oder längere Tagesabschnitte keine Erinnerungen			
Unaufmerksamkeit, Unruhe	Kind kann keinen Augenkontakt halten			
	Aufträge werden nicht gehört/erfüllt			
	Vergisst ständig Material und Aufgaben			
	Wirkt z. T. wie ein Kind, dass sich weigert			
Desorientierung	Schnelle Wechsel fallen schwer			
	Kind wirkt verwirrt			
Starke Leistungsschwankungen	Kind kann sein Wissen nicht immer abrufen			
	Scheint schwer lernen zu können			
	Hat »Blackouts«			
	Leistungsversagen trotz guter kognitiver Fähigkeiten			
Soziale Isolation	Kind erzählt »Lügengeschichten«			
	Hat seine eigenen Wahrheiten			
	Kann soziale Rolle unter Druck nicht ausfüllen			
Fugue-Reaktionen (plötzliche Ortsveränderung mit Amnesie)	Verlässt plötzlich den Raum oder eine soziale Situation			

Dissoziatives Phänomen	Mögliche Auswirkungen	ja	z. T.	nein
Wechselnde Entwicklungsniveaus	Wirkt manchmal wie ein anderes Kind oder wie ein Kind mit einem anderen Alter			
	Es kommt zu plötzlichen, abrupten Wechseln des Verhaltens und der Fähigkeiten			

Eigene Darstellung, in Anlehnung an Ding, 2014, S. 175; vgl. auch Ding, 2013b

Triggeranalyse

Mit der Triggeranalyse können Stressauslöser im Alltag analysiert und Strategien im Umgang damit reflektiert werden.

Vermuteter Trigger	Reaktion	Hilfreiches	Nicht Hilfreiches
…			

Gelingensbedingungen

Geht es einem Menschen gut, sagt dies viel darüber aus, was er als sichere Orte, Sicherheit gebende Beziehungen und ressourcenvolle Tätigkeiten empfindet. Dieses Wissen kann genutzt werden für Situationen, in denen diese Sicherheiten fehlen, indem unsichere Rahmenbedingungen gezielt verändert werden, Sicherheit gebende Menschen diese Situationen unterstützen und Tätigkeiten angeboten werden, die eine Wiederanbindung an eigene Ressourcen ermöglichen.

Was erhöht den Stress? Wo geht es mir schlecht?	Was vermindert den Stress? Wo geht es mir gut?
▲ möglichst minimieren!	▲ möglichst ausweiten!

Weil-Frage

Ausgehend davon, dass jedes kindliche Verhalten hoch sinnhaft ist und eine eigene Entwicklungslogik enthält (vgl. Jantzen, 2002; vgl. auch Weiß, 2011, S. 122 ff.), sollte immer nach den »guten Gründen« für eine bestimmte Verhaltensweise gesucht werden. Nach einer freien Hypothesensammlung im Sinne eines Brainstormings können aus jeder als stimmig empfundenen Hypothese konkrete und handlungsorientierte pädagogische Angebote entwickeln werden.

Das Kind bzw. der/die Jugendliche zeigt die folgende Verhaltensweise, weil:

Reinszenierende Situationen

Um Reinszenierungen im Alltag zu erkennen, bedarf es neben einer traumasensiblen Haltung stetiger reflexiver Prozesse. Bei mangelnder Reflexion stellen pädagogische Interventionen nicht selten eine Wiederholung traumabezogener Vorerfahrungen dar. Dieses Arbeitsblatt ermöglicht die Reflexion von Prozessen, bei denen eine reinszenierende Dynamik vermutet wird, und gibt die Möglichkeit, Auswirkungen der eigenen Handlungen genau zu betrachten, um die Fortführung reinszenierender Schleifen zu unterbrechen.

Reinszenierende Situation AdressatIn	Reaktion der Fachkraft

Auswirkung auf AdressatIn	Handlungen der Fachkraft

Körperumriss

Traumabezogenes Vermeidungsverhalten erschwert oft die Wahrnehmung körperbezogener und emotionaler Prozesse. Die Arbeit mit dem Körperumrissschema ermöglicht es auf vielfältige Weise, die Wahrnehmung und Versprachlichung dieser Prozesse wieder anzuregen. Es können Grenzen deutlich gemacht (wo möchte ich berührt werden, wo nicht), Gefühle in ihrer situationsbedingten Unterschiedlichkeit wahrgenommen und Verbindungen zwischen Stresszuständen und körperlichen Auswirkungen gezogen werden. Daraus können individuelle Möglichkeiten der Handlungserweiterung entwickelt werden.

Körperberührungen können erschrecken und ängstigen! Bitte zeichne in verschiedenen Farben ein:

Berührung
- Wo darf man dich anfassen?
- Wo dürfen dich nur bestimmte Menschen anfassen und wer?
- Wo darf dich niemand berühren?

Gefühle
- Wo im Körper steckt deine Angst (Furcht, Unsicherheit usw.)?
- Welche Farbe und welche Form hat deine Angst (Furcht, Unsicherheit usw.)?

Stress
- Wo im Körper merkst du, dass du gestresst bist?

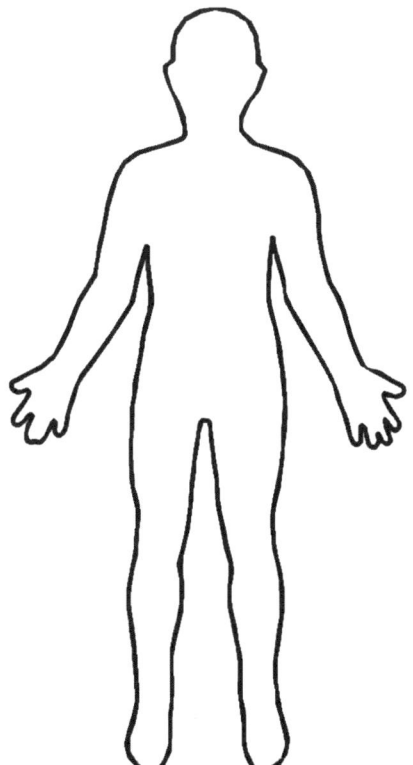

Stressbarometer

Das Stressbarometer bietet die Möglichkeit, den Alltag sowohl auf Stressauslöser als auch auf stressarme Situationen hin zu analysieren. Verschiedene Alltagssituationen werden nach Erregungsniveau eingeordnet (1 entspricht der geringsten, 10 der höchsten Erregung). Es kann individuell festgelegt werden, welche Erregungsstufe im Sinne einer Ampel im grünen, gelben und roten Bereich empfunden wird. Dadurch kann die persönliche Einschätzung des Kindes bzw. des/der Jugendlichen sichtbar gemacht werden, die sich eventuell von pädagogischen Sichtweisen unterscheidet. Des Weiteren kann die Arbeit mit dem Stressbarometer deutlich machen, wie viele Situationen des Alltags gelingen. Es wird dadurch der Fokus zu den Bereichen von Handlungsfähigkeit gelenkt.

	Stressbarometer									
Alltagssituation (Beispiele)	1	2	3	4	5	6	7	8	9	10
Beim Einschlafen										
Im Fußballverein										
Beim Abendessen										
Im Mathe-Unterricht										
In der Klassenarbeit										
In der großen Pause										
Beim Aufwachen										
Im Schulbus										
…										

Notfallkiste

In Krisensituationen ist die Anbindung an eigene Ressourcen erschwert. Aus diesem Grund ist es hilfreich, über positive Anker eine Wiederanbindung an Ressourcen zu unterstützen. In der nachfolgenden Liste können Ideen für eine persönliche Notfallkiste gesammelt werden.

Das sollte ich immer bei mir haben:

Das könnte in eine Notfallkiste, die mir unterwegs immer zugänglich ist:

Ressourcencheck für Teams

Die nachfolgend aufgeführten Ressourcenbereiche haben sich als wichtige Verarbeitungsstrategien im Umgang mit traumatischem Stress erwiesen. Dieser »Check« soll Fachkräften dabei helfen, sowohl vorhandene Ressourcen zu erkennen als auch jene, bei denen das Team Unterstützung benötigt.

Zentrale Fragestellung(en)	ja	nein	Hinweise auf Unterstützungsbedarf
Akzeptanz der Krise			
Hat das Team erkannt, dass es in seiner Arbeit mit traumatischen Erfahrungen eines Kindes bzw. eines/einer Jugendlichen konfrontiert ist und sich dies sowohl auf die einzelnen Teammitglieder als auch auf Teamprozesse im Sinne einer Belastung auswirken kann?			Die traumatischen Erfahrungen des Kindes bzw. des/der Jugendlichen und deren Verarbeitung werden ignoriert, tabuisiert, missinterpretiert.
Mobilisiert das Team dafür Energie und Ressourcen?			Es werden keine gemeinsamen Strategien entwickelt, es bestehen Bemühungen Einzelner in unterschiedliche Richtungen und mit unterschiedlichen Zielsetzungen.
Teamorientierte Sichtweise			
Ist das Team in der Lage, die Aufmerksamkeit von dem betroffenen Kind bzw. dem/der betroffenen Jugendlichen auf das ganze Team zu richten? Wird das traumatische Ereignis als eine Herausforderung für alle Teammitglieder gesehen?			Die Probleme werden individuumszentriert gesehen.
Lösungsorientierte Sicht			
Gelingt es dem Team, sich einen positiven Blick für das Kind bzw. den/die Jugendliche(n) zu erhalten und zu versuchen, die Sinnhaftigkeit hinter dessen/deren Verhalten zu sehen? Kann sich das Team auf eine gemeinsame Veränderung der Schwierigkeiten konzentrieren?			Es wird Verhalten bekämpft, das als negativ, auffällig oder störend empfunden wird.

Ressourcencheck für Teams

Zentrale Fragestellung(en)	ja	nein	Hinweise auf Unterstützungsbedarf
Erhöhte Toleranz			
Zeigt das Team eine erhöhte Kooperation und empfindet sich als eine sich gegenseitig unterstützende Gemeinschaft?			Es besteht eine geringe emotionale Toleranz zwischen den Teammitgliedern.
Wissen die Teammitglieder, dass sie in dieser Zeit vermehrt Rücksicht, Geduld und Akzeptanz für alle Mitglieder aufbringen müssen?			Es wird Ungeduld, Wut und Enttäuschung über die Schwierigkeiten Einzelner gezeigt.
Emotionale Offenheit			
Ist es das Team gewohnt, offen und direkt, verbal und nonverbal die eigenen Gefühle auszudrücken und auch über eigene Grenzen und Unsicherheiten zu sprechen?			Gefühle werden »mit sich ausgemacht«, nicht kommuniziert, und es geschehen Zuschreibungen von Gefühlen bei anderen Teammitgliedern.
Offene Kommunikation			
Kann das Team über viele Themen miteinander sprechen und hat Freude daran, unterschiedliche Standpunkte auszutauschen?			Die Kommunikation ist eingeschränkt, es gibt »Tabuthemen« oder Themen, über die es »keinen Sinn« hat zu reden.
Hoher Zusammenhalt im Team			
Ist das Team gern zusammen, empfinden die einzelnen Teammitglieder ein Zusammengehörigkeitsgefühl zum Team?			Es herrscht ein geringer Teamzusammenhalt, es gibt keine wertschätzende Kommunikation übereinander, es gibt eventuell einen »Sündenbock«.
Flexible Rollenaufteilung			
Können die einzelnen Teammitglieder unterschiedliche Rollen übernehmen, sodass das System weiter bestehen kann, wenn ein Mitglied seine Rolle nicht ausfüllen kann?			Es werden rigide Teamrollen eingenommen, die nicht gewechselt werden können.
Effektiver Zugang zu Ressourcen			
Hat das Team Zugang zu Hilfsmöglichkeiten innerhalb und außerhalb der Einrichtung?			Es gibt kaum Zugang zu Hilfe.
Kann das Team von anderen Menschen Unterstützung annehmen?			Hilfe kann nicht angenommen werden, man fühlt sich in der Schuld von anderen oder empfindet Hilfe nicht wirklich als Unterstützung.

Zentrale Fragestellung(en)	ja	nein	Hinweise auf Unterstützungsbedarf
Abwesenheit von Gewalt			
Kann jedes Teammitglied mit emotionalen Ausbrüchen bei sich selbst oder anderen umgehen, egal, wie hoch der zu ertragende Stress ist?			Es gibt eine Neigung, in Konflikten aggressiv gegen sich oder andere zu reagieren.
Abwesenheit von Sucht			
Wissen die Teammitglieder, dass Alkohol, Drogen oder Medikamente nicht dazu geeignet sind, Stress zu reduzieren?			Bei Stress kommt es zum Konsum von Alkohol, Drogen, Medikamenten.

Eigene Darstellung in Anlehnung an Korritko u. Pleyer, 2011, S. 66; Bearbeitung v. Bialek

Pädagogisches Tagebuch

Auf einem Bogen Papier können Ereignisse des eigenen pädagogischen Alltags, aber auch daran geknüpfte Überlegungen, Wünsche und Ziele festgehalten werden. Dafür sollte zwei- bis dreimal pro Woche eine feste Zeit (10–15 Minuten) eingeplant werden. So kann langfristig ein »persönliches Handbuch« von Erfahrungen, Ressourcen und gelungenen Interventionen erstellt werden.

Meine Tag heute
Versuche, immer positiv zu beginnen – was macht dich am heutigen Tag glücklich und zufrieden?
Beschreibe die Ereignisse des Tages:
Was ist dir gut gelungen und warum? Was ist dir weniger gut gelungen und warum?
Formuliere Hypothesen, um auffälliges Verhalten zu verstehen:
Notiere dir hilfreiche methodische Ansätze:
Notiere dir Fragestellungen und neue Vorhaben:

Notwendig und hilfreich – pädagogische Möglichkeiten der Traumabearbeitung

Silke Gahleitner / Thomas Hensel / Martin Baierl / Martin Kühn / Marc Schmid (Hg.)
Traumapädagogik in psychosozialen Handlungsfeldern
Ein Handbuch für Jugendhilfe, Schule und Klinik
2. Auflage 2016. 296 Seiten mit 11 Abb. und 6 Tab., kartoniert
ISBN 978-3-525-40240-5

eBook: ISBN 978-3-647-40240-6

Plötzlich erstarren, verstummen, um sich schlagen, panisch werden: Traumatisierte Kinder und Jugendliche fallen auf. Psychosoziale Fachkräfte in ambulanten und stationären Betreuungssettings, in der Schule oder im Kindergarten fühlen sich oft überfordert. Enttäuschungen und Verletzungen auf beiden Seiten sind die Folge. Dieses Buch sensibilisiert für Traumata und deren Auswirkungen und berücksichtigt dabei verschiedene psychosoziale Handlungsfelder und unterschiedliche Zielgruppen. Es vermittelt psychotraumatologisches Wissen für den pädagogischen Alltag, damit Fachkräfte kompetent handeln und Heranwachsende traumatische Lebensereignisse besser bewältigen können.

»Das Buch ist ein sehr informatives praxisorientiertes Werk zu Voraussetzungen und Einsatzmöglichkeiten der Traumapädagogik, gibt Anregungen, macht Mut und ermutigt dazu, sich in der täglichen Arbeit an diesen Bereich heranzutrauen.« *Kontext (Irmgard Neß)*

Verlagsgruppe Vandenhoeck & Ruprecht | V&R unipress

www.v-r.de

Weil jedes Kind es wert ist!

Martin Baierl / Kurt Frey (Hg.)
Praxishandbuch Traumapädagogik
Lebensfreude, Sicherheit und Geborgenheit für Kinder und Jugendliche

3. Auflage 2016. 294 Seiten, mit 23 Abb. und 1 Tab., kartoniert
ISBN 978-3-525-40245-0

eBook: ISBN 978-3-647-40245-1

Lebensfreude ist Grundhaltung, Transportmittel und pädagogisches Ziel in der Traumapädagogik. Wie traumatisierte Kinder und Jugendliche das Leben wieder lieben lernen, zeigt dieses Buch aus der stationären Jugendhilfe-Praxis.

Es gehört zu den grundlegenden Zielen in der Arbeit mit traumatisierten Kindern und Jugendlichen, sie darin zu unterstützen, wieder Vertrauen in sich und andere zu setzen, und sie zu ermutigen, das Leben in die eigenen Hände zu nehmen. Je schlimmer das Geschehen und je größer die Verletzung, desto wichtiger ist es, sich auf die gesunden Anteile zu konzentrieren, sie zu würdigen und zu stärken. Doch wie kann dies im erzieherischen Alltag gelingen? Mit dem Praxishandbuch lassen sich traumapädagogische Kompetenzen weiterentwickeln. Es vermittelt aktuelles traumatologisches Grundwissen und steckt voller erprobter Methoden und wertvoller Praxiserfahrungen.

Verlagsgruppe Vandenhoeck & Ruprecht | V&R unipress

www.v-r.de